소확행 워라벨시대
취미생활백서

저자 비피기술거래 비티인사이트

㈜ 비티인사이트

<제목 차례>

1. 서론 ·· 6

2. 취미활동을 해야 하는 이유 ··· 9

3. 취미 트렌드 ··· 13

4. 취미 관련어플 ··· 21
      가. 동호회 No.1앱, 소모임 ·· 21
      나. 일상을 바꿔줄 100가지 취미생활, 프립! ······································· 24
      다. 동영상으로 배우는 취미생활, 'class101' ······································ 26
      라. 손쉽게 예약하는 취미활동, 마일로 ··· 28
      마. 주말에 뭐하지?, ZUMO ··· 30
      바. 버킷리스트 흥신소, 플라이어스 ·· 31
      사. 책 골라주는 어플, 플라이북 ··· 32
      아. 관심사 기반 커뮤니티 플랫폼, 문토 ··· 33
      자. 이모저모 ··· 34

5. 취미 큐레이션 관련 회사 ·· 36
      가. 취미를 매달 배달해드립니다, 하비인더박스 ································· 36
      나. 전문 레슨 매칭 서비스, Soomgo(숨고) ······································ 38
      다. 국내 재능마켓 1위, 크몽 ·· 42
      라. 일대일 재능 공유, 탈잉 ·· 44

6. 이색 취미 활동 ··· 48
      가. 예술형 ·· 48
         1) 니들펠트 ··· 48
         2) 페이퍼 커팅 ··· 51
         3) 가죽공예 ··· 53
         4) 도자공예 ··· 56
         5) 스트링 아트 ··· 59

      나. 활동형 ·· 63
         1) 실내 서핑, 플로우보딩-도심 속에서 즐기는 바다여행 ·············· 63
         2) 디제잉-내손으로 만드는 나만의 비트 ······································ 67
         3) 주짓수 ··· 71

4) 프리다이빙 ·· 75

다. 수집형 ·· 80
　1) 우표수집 ··· 80
　2) 골동품 수집 ·· 89
　3) 무거운 낭만, 레코드 수집 ·· 91
라. 실리형 ·· 99
　1) 레고 ·· 99
　2) 사금캐기-금을 캐는 취미 ·· 103
　3) 식물키우기(홈가드닝) ·· 107
마. 학습형 ·· 111
　1) 바둑 ·· 111
　2) 성인 학습지 ·· 117
　3) 온라인 교육 플랫폼 ·· 121
　4) 다도[茶道] ·· 125

01 서론

1. 서론

코로나19 대유행으로 멈춰있던 문화산업이 다시금 활기를 띠며 적극적인 취미생활을 즐기는 '하비슈머'들이 늘어나고 있다.

하비슈머는 취미(hobby)와 소비자(consumer)의 합성어로 일과 후 취미생활을 즐기기 위해 적극적으로 소비하는 사람들을 뜻한다. 이들은 악기 연주, 원데이 클래스, 요리 등의 취미활동을 통해 일상 속 압박에서 벗어나 자기 만족감을 얻고 새로운 네트워킹을 형성한다.

소비자 데이터 플랫폼 오픈서베이의 '취미생활·자기계발 트렌드 리포트 2022'에 따르면 20세에서 59세 남녀 10명 중 7명은 정기적으로 취미·자기계발 활동을 하고 있는 것으로 나타났다.

취미는 전문적으로 어떤 일을 하는 것이 아니라 본인 스스로가 즐기기 위해서 하는 일로, 스트레스를 풀기위해 혹은 자기 계발을 위한 활동이 있다.

최근 주 52시간 근무제가 시행되면서 직장인들에게 취미생활은 중요해질 것으로 보인다. 퇴근 이후 생긴 여가시간에 백화점 문화센터 등에서 강좌를 듣는 직장인을 일컫는 '문센족', 삶과 일의 균형 '워라벨(Work and Life Balance)'이나 '소확행(작지만 확실한 행복)'이란 말이 생겨나는 것을 보면 알수 있다.

국내 소비자들의 취미활동에 대한 소비는 매년 꾸준히 증가해왔다. 통계청이 매년 발표하는 '연간 지출 가계동향조사'에 따르면 취미 및 여가활동, 운동을 위한 소비 등이 반영되는 오락·문화 지출 비용은 지난 2016년 월평균 14만9,900원에서 2019년 18만원까지 올랐다.

코로나19로 인해 지난3년간 경제활동 자체가 크게 위축돼 오락·문화 지출을 포함한 대부분의 지출 비용이 감소하고 있지만 하비슈머들은 이에 굴하지 않고 다양한 트렌드를 만들어내며 코로나19를 극복해왔다. 향후 취미를 갖는 사회 분위기가 지속적으로 확대될 것으로 전망되는 만큼 2030 직장인들이 다양한 취미용품들을 구매하는 트렌드도 꾸준히 이어질 것이다.

롯데백화점은 최근 '취미족' 증가에 발맞춰 문화센터에서 '하비박스'와 함께 '하비 라운지'를 열어 고객들의 취미를 찾아주는 이벤트도 진행했다. '하비박스'는 고객 성향과 취향을 분석, 적합한 취미생활을 제안해 주는 회사다. 롯데백화점의 이벤트는 행사장에서 고객의 취미를 18개 성향으로 분석해 찾아주고 이와 관련한 문화센터 강좌를

추천해주는 형식으로 진행되었다. 이와 같이 백화점 문화센터 강좌도 퇴근 후 문화생활족의 관심이 크게 늘면서 수강생도 증가하고 수업내용도 세분화되고 있다.

현대백화점의 경우 취미생활로 '꽃가꾸기' '가드닝' 등에 대한 관심이 늘며 단편적인 꽃꽂이 강좌에서 그린인테리어, 가드닝클래스, 다육식물, 여름부케, 센터피스 만들기, 생화 벽걸이 장식 등 분야를 세분화한 수업을 개강했다. 현대백화점의 2018년 봄 학기 문화센터 강좌 가운데 홈가드닝, 플랜테리어 관련 비중은 13%로, 2017년 봄 학기와 비교해 3배 이상 늘었다.

일상에 지친 현대인에게 취미는 작은 위로가 된다. 스트레스를 해소하는 창구일 뿐만 아니라, 제 2의 인생을 여는 문이 될 수도 있기 때문이다. 더욱이 취미생활은 인터넷을 통해 폭넓은 정보 공유가 이루어질 수 있고, 개인화된 사회에서 자연스럽게 공통의 관심사를 기반으로 한 관계 맺기가 가능해진다는 장점이 있다.

업무가 끝나고 막연하게 휴식을 취하기보다는 자신만의 취미생활을 만들어 그 시간을 유용하게 보내보자. 남들이 다하는 그런 취미보다는 나의 개성을 살릴 수 있는 취미활동이라면 더욱이 좋을 것이다.

즐길 수 있는 취미를 갖기 위해서는 자신에게 잘 맞는 구체적인 활동을 찾아야 한다. 자신이 진짜 원하는 활동인지, 그 일을 오랫동안 할 수 있는지를 따져보고 시작해야 중도 포기하는 경우가 발생하지 않기 때문이다.

본 책에서는 워라밸 라이프를 즐기는 직장인, 소확행을 꿈꾸는 젊은이들을 위해 음주, 영화감상, 운동, 쇼핑 등 뻔한 취미생활이 아닌 색다른 취미생활을 소개하고 취미관련 어플과 회사를 통해 나만의 취미를 찾을 수 있는 팁을 제공한다.

02 취미활동을 해야 하는 이유

2. 취미활동을 해야 하는 이유

'재미로 즐겨하는 일'이라는 뜻의 취미는 반복되는 단조로운 삶에서 즐거움은 물론 정신 건강을 가져다준다. 뭔가에 몰입하는 것 그 자체만으로 치유가 되기도 하기 때문이다. 때론 취미의 발견이 자신도 알지 못했던 '나'를 발견하는 계기가 되기도 하고, 무엇보다 자기가 즐거워서 자발적으로 시간과 돈, 에너지를 투자할 수 있는 것이 있다면 삶이 풍요로워질 것이다.

요즘 사람들은 삶의 만족을 위해 취미를 내세운 작은 사치와 투자를 아끼지 않는다. 당장 클릭 몇 번이면 경험할 수 있는 취미 서비스가 속속 등장하면서 여행·외식처럼 취미가 하나의 산업으로까지 떠올랐다. 제대로 된 취미 하나쯤은 필수로 갖춰야 할 시대다. 최근에는 이력서에 기재하는 취미도 그 사람을 판단하는 중요한 기준이 되면서 '이력서에 쓰면 면접관의 흥미를 끌 수 있는 취미'라는 랭킹도 등장한다. 으레 독서나 영화감상이라 둘러댔던 이전과는 다르다.

영화 '쉘 위 댄스'에서는 직장과 가정을 오가는 쳇바퀴 속에 인생의 방향도 즐거움도 잃어버린 한 중년남자가 예상치 않게 춤에 몰입하게 되면서 삶의 활력도 되찾는다. 과거 한국에서도 IMF(국제통화기금)외환위기 때 등산이 국민취미로 등장했다고 하니 취미가 유용함은 이미 입증되었다.

나이가 들면서 우울증과 같은 정신질환이 늘어나게 되는데 최근 의학 학술지 네이처 메디신에 노인의 취미 활동과 정신 질환 간의 관련성을 분석한 결과가 발표됐다. 연구는 전 세계 16개 국가 65세 이상 노인 9만3263명을 대상으로 했다. 연구 대상자들의 취미 활동 여부를 먼저 조사한 후, 4~8년을 추적 관찰하면서 정신 질환 증상 발생을 조사했다. 16개국의 자료를 종합 분석한 결과, 취미활동을 하는 사람들은 우울 증상이 약 10% 낮았다. 행복감, 삶의 만족도도 높았다. 취미 활동 인구가 많을수록, 기대 여명도 길었고, 국가 행복 지수도 높았다.

개인 사례를 들어보자. [1]대기업에서 영업 지원 업무를 하는 노경민(28)씨는 마술이 취미다. 어릴 적 배운 마술이 대학 동아리로 이어졌고 직장 생활을 하면서도 놓지 않았다. 2017년 2월부터는 전문 마술사 도기문씨와 함께 '마제스틱'이란 팀을 꾸려 마술 동영상을 유튜브에 올리고 있다. 마술 프로듀싱과 촬영이 그의 역할이다. 노씨는 "개인 시간을 허비하지 않는다는 만족감도 크지만 회사 내 분위기 메이커가 되면서 사회 생활에도 도움이 된다"고 한다.[2]

---

1) <취미없는 당신, 잘못 살고 있는 겁니다.>, 중앙일보(2018.01.03)
2) <취미가 뭐든 상관없다... 즐기는 고령, 우울 증상 10% 낮다>, 조선일보(2023.10.19.)

그림 1 취미로 마술을 배워 동영상을 올린 도기문씨

노진호(28·개인사업)씨의 취미는 프리 다이빙(별도의 호흡 장치 없이 하는 잠수)이다. 1년 반 전에 우연히 접한 뒤 이제는 강사 자격증 코스를 준비할 정도로 빠져 들었다. 국내에서는 여름밖에 할 수 없는지라 두 달에 한 번씩 해외에 나간다. 수입 20%를 취미에 쓰는 이유다. "어차피 다른 취미를 즐기더라도 돈을 쓰기 마련인데 목표가 있으니 아깝지 않다"는 게 노씨의 생각이다.

통계를 보더라도 취미가 있는 사람과 없는 사람의 차이는 확실히 있다. 한국리서치의 자료를 보면 취미가 없는 사람보다 취미가 있는 사람이 더 활동적인 것을 알 수 있다. '지난 주말에 한 일' 설문조사 응답을 살펴보면, 취미가 없는 사람은 '휴일에도 집에 있었다'는 비중이 절반에 가까운 45.9%에 달했다. 반면 취미가 있는 사람은 없는 사람보다 등산이나 운동을 했다는 응답이 7~9배 정도였다.

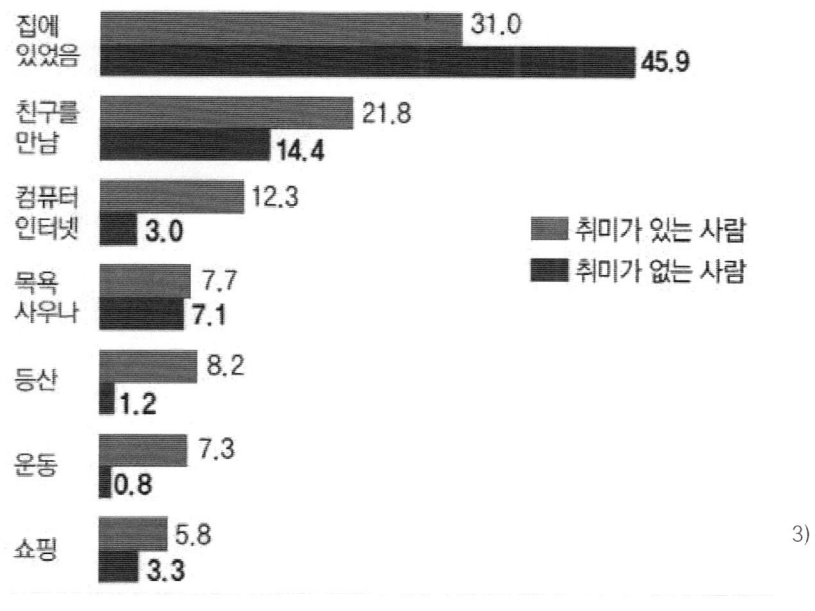

그림 2 지난 휴일에 한 활동(단위: %)

취미가 없는 사람의 통계 자료를 살펴보면 취미가 없는 사람들 중 직장인 비율이 37.7%에 달하고, 세대가 지날수록 취미의 재미를 즐기지 못하는 것으로 나타났다. 취미가 있는 사람은 그렇지 못한 사람에 비해 자신감과 성취동기가 높으며, 도전과 변화를 즐기는 성향이 강하다고 나타났으며, 상대적으로 이타적이고 사교적이며 더 행복하다는 결과도 조사됐다. 취미 있는 사람의 46.4%가 '행복하다'고 했지만 취미 없는 사람은 37.9%로 더 적은 편이였다.

다음은 취미활동에 대한 생각을 담은 "위대한 멈춤"이란 책에 나오는 문구이다.

"취미가 우리에게 심리적 여백을 주는 까닭은 두 가지다. 먼저, 실패를 허용하기 때문이다. 악기를 다루거나 스포츠를 하는 동안 때때로 긴장은 할 수 있지만 설사 실수를 하더라도 삶에 치명적인 위협을 주지는 않는다. 게다가 취미는 늘 다음을 기약할 수 있다. 여기에 더해 취미는 내 마음대로 실험해 볼 수 있는 여지가 큰 활동이다. 반면 일에서는 한 번의 실수가 치명적인 결과를 초래할 수 있고, 운신의 폭이 적다. 취미가 창조적 여백을 주는 더 근본적인 이유는, 몰입하는 과정에서 '자아'가 사라진다는 점이다. 모든 고통의 중심에는 자아가 있다. 문제에 직면하고 스트레스를 느끼며 고통에 시달리는 대상은 바로 '나'이다. '나'가 없으면 문제도 고통도 스트레스도 없다. 그런데 자아가 사라진 만큼 여백이 생기며, 이 여백은 그저 빈 것이 아니라 가능성으로 채워진다." (책 '위대한 멈춤', 박승오, 홍승완 저)

---

3) 자료 : 한국리서치

03 취미 트렌드

3. 취미 트렌드

4)시장조사전문기업 엠브레인 트렌드모니터(trendmonitor.co.kr)가 전국 만 19~59세 성인남녀 1,000명을 대상으로 '취미생활' 및 원데이클래스'와 관련한 설문조사를 실시한 결과, 현재의 삶을 중시하고, 자신에게 투자하는 것을 아까워하지 않는 요즘 소비자들은 다양한 취미활동과 체험활동을 배우고, 즐기기 위해 시간 및 비용을 적극적으로 투자할 의향을 가지고 있는 것으로 조사되었다.

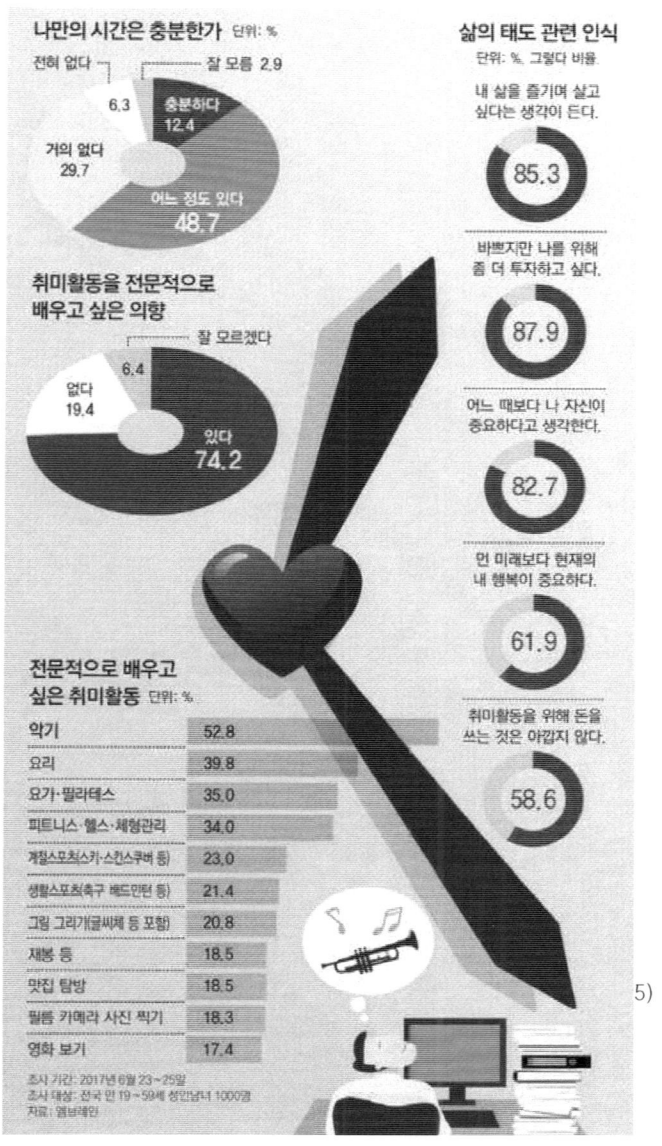

그림 3 취미 관련 통계

---
4) <취미생활 및 원데이클래스 관련 조사>, 트렌드모니터
5) <취미의 시대. >

전체 응답자의 85.3%가 요즘 들어 내 삶을 즐기면서 살고 싶다는 생각이 든다고 응답하였으며, 바쁜 삶이지만 나를 위해 좀 더 투자하고 싶다는 소비자가 87.9%에 이른 것이다.

연령에 관계없이 삶을 즐기고 싶어 하고 (20대 84.8%, 30대 83.6%, 40대 84%, 50대 88.8%), 나를 위해 투자하고 싶어 하는(20대 92.8%, 30대 86%, 40대 84.4%, 50대 88.4%)것은 누구나 마찬가지였다. 또한 대부분 요즘 그 어느 때보다 나 자신이 중요하다는 생각을 하고 있었으며(82.7%), 먼 미래보다는 지금 현재 시점에서의 나의 행복이 더 중요하다는데 10명 중 6명(61.9%), 먼 미래보다는 지금 현재 시점에서의 나의 행복이 더 중요하다는데 10명 중 6명(61.9%)이 공감했다. 그만큼 현재의 삶 속에서 자신의 행복을 좇는 사람들이 많다는 것을 보여주는 결과로 해석할 수 있다.

소비에서도 비슷한 추세를 발견할 수 있다. 10명 중 6명이(58.6%) 나만의 취미활동에 돈을 투자하는 것은 아깝지 않다는 생각을 나비쳤으며, 특히 젊은 층일수록 취미활동에 투자를 아끼지 않으려는 태도(20대 65.6%, 30대 62.4%, 40대 50.4%, 50대 56%)가 강했다. 향후 취미활동을 전문적으로 배워보고 싶다는 의향을 내비친 소비자도 74.2%에 달했다.

더 나아가 좀 더 높은 연봉을 포기하더라도 나만의 시간을 가지고 싶다(58.6%)는 인식도 강했는데, 젊은 층일수록 연봉보다는 나만의 시간(20대 62.8%, 30대 66.8%, 40대 55.6%, 50대 49.2%)에 보다 중요한 가치를 부여하는 모습이었다.

자료에 따르면 나만의 시간이 주어지면 취미활동을 한다는 응답이 2017년 50.4%에서 2018년 54.2%로 증가했다. 구체적으로 취미를 현재 즐기고 있는 사람들의 활동분야를 살펴보면 영화보기가 43.8%로 가장 많다. 다음으로 음악감상과 TV보기가 가장 많았다. 이로써 영화, 음악 감상, TV보기 등 컨텐츠 소비 중심으로 여가활동을 즐기는 사람들이 많은 것을 볼 수 있다.

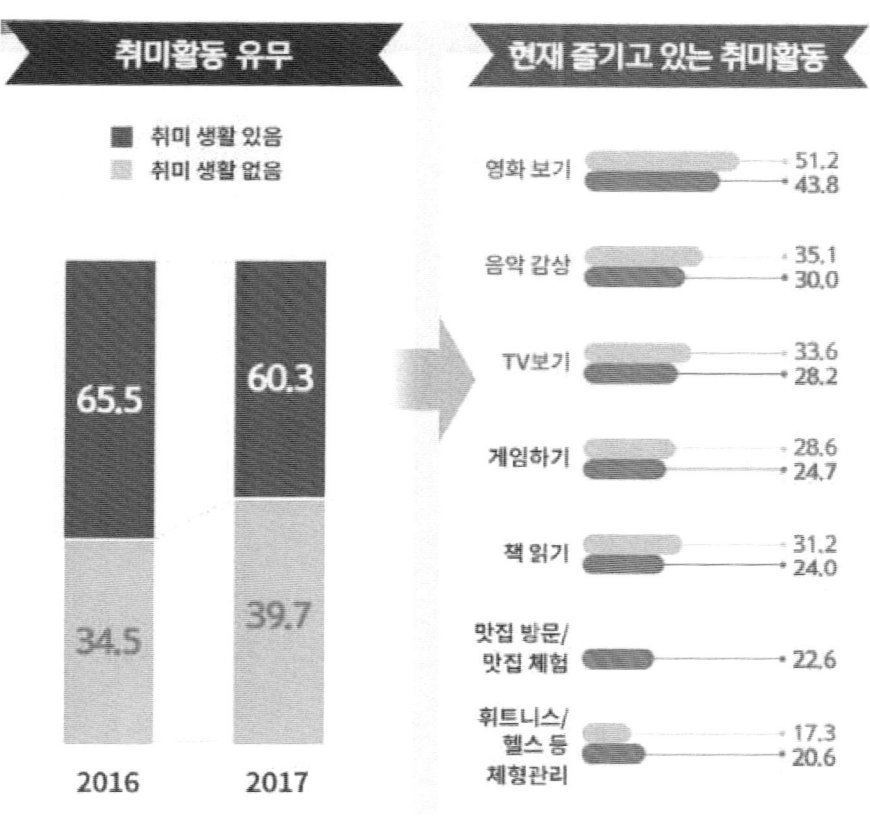

그림 4 취미가 있는 사람들이 즐기고 있는 활동 내용

취미활동을 가지고 싶은 사람들을 상대로 향후 배우고 싶은 활동을 조사한 결과 악기 배우기가 52.8%로 가장 많았다. 요리가 2위로 39.8%, 요가나 필라테스, 피트니스, 헬스 등의 체형관리 분야는 총 69%를 차지한 것을 보면 활동적인 취미활동을 배우고 싶은 현대인이 매우 많은 것을 알 수 있다.

하루만 시간을 내면 관심 있는 강좌나 관련 체험을 할 수 있는 원데이 클래스에 대한 수요전망도 매우 긍정적이다. 조사내용에 따르면 현대인이 생각하는 원데이 클래스는 하루의 투자로 새로운 취미활동을 경험해볼 수 있다는 장점이 있지만 수박 겉핥기 식의 경험이 될 수도 있다는 단점이 있다고 분석되었다.

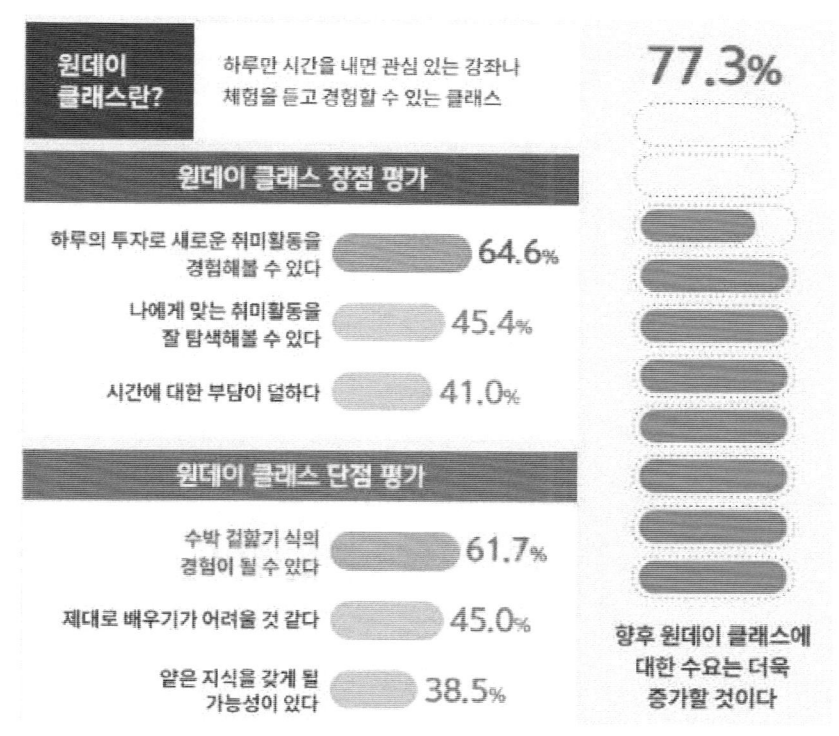

그림 5 원데이 클래스 수요 전망

원데이클래스 버즈량 추이

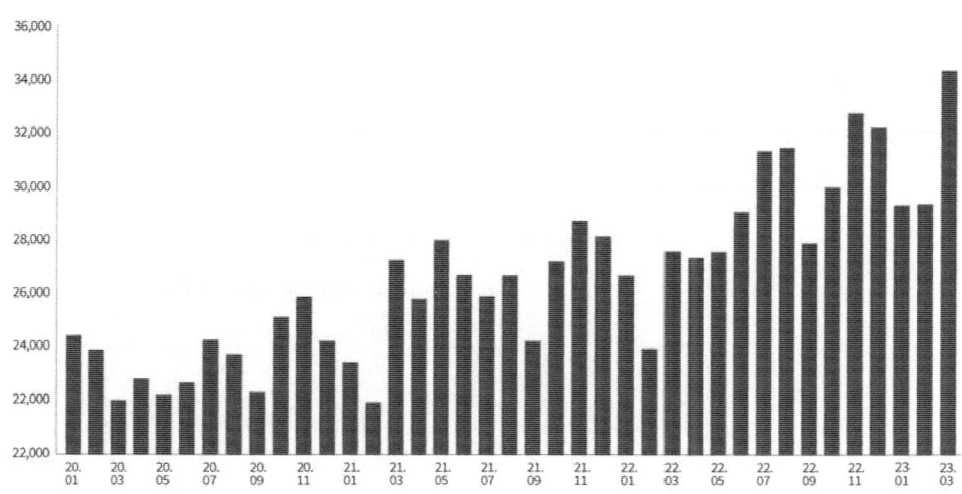

*2020.01~2023.03 원데이클래스 관련 디지털 버즈량 측정
블로그 / 카페 / 커뮤니티 / 트위터 / TMCK DDA

원데이클래스 인기 강좌 순위를 살펴보면 베이킹(21%), 운동(11%), 도자기/공예(10%/10%), 아트(9%) 순이다. 베이킹의 경우, '빵지순례를 다닌다'고 할 정도로 디저트에 진심인 사람들이 많기 때문에 이런 것들을 배워볼 수 있는 원데이클래스가 인기가 많은 것으로 보인다. 구체적인 수강 과목으로 마카롱, 케이크, 초콜릿/쿠키, 타르트, 일반적인 빵까지 수강하는 빵/디저트의 종류도 엄청 다양하다. 3년 전과 다르게 인기강좌로 유독 운동이 눈에 띄는데 어떤 과목을 주로 수강하였는지 알아보았다. 농구(22%), 댄스(18%), 요가(15%) 순이었다. 2023년 1월 개봉한 극장판 슬램덩크 '더 퍼스트 슬램덩크'가 메가 히트한 것을 필두로 웹툰 '가비지타임', 영화 '리바운드'까지 농구 관련된 콘텐츠가 3연타 흥행을 하면서 사람들이 농구에 관심이 많아졌고 그 여파가 원데이클래스 농구 강좌 수강으로까지 이어진 것이다. 마찬가지로 댄스의 경우에도 '스트릿 우먼 파이터', '스트릿 맨 파이터' 등 댄서들의 서바이벌을 담은 콘텐츠가 흥행하면서 댄서들이 일반 사람들에게 '선망의 대상'이 되었기 때문에 관련 강좌도 인기가 많아진 것으로 추정해볼 수 있다. 최근 댄스 학원에 다닌다고 하는 사람들이 한둘씩 늘어나는 것을 봤을 때 한동안 이러한 인기는 지속될 것 같다. 그다음으로 인기가 있었던 아트는 몇 년 사이에 전시회에 갔었던 사진과 후기를 SNS에 업로드 하는 등 예술을 즐기는 사람들이 많아지면서 예술에 대한 진입 장벽이 낮아진 것이 원데이클래스의 인기 강좌로 발돋움할 수 있었던 계기였다. 예술에 관심을 가지게 되고 한 단계 더 나아가 자신만의 생각과 개성을 마음껏 표현하고 싶은 젊은 세대의 '하이퍼 퍼스낼리티' 트렌드까지 반영되어 '본인만의' 작품을 표현하고 공유하고 싶어졌기 때문이다. 구체적인 과목도 아크릴, 유화, 오일파스텔 등 전문적인 과목이 많았는데, 전문가의 도움을 받아 하루 만에 자신의 개성을 완성도 있게 표현할 수 있다는 점에서 사람들이 메리트를 느낀다.

취미 서비스가 늘어나는 양적변화만 벌어지고 있는 것이 아니라 취미 소비 성격도 달라지고 있다. 여럿이 배워야 하거나 팀을 꾸려야 하는 운동이 아니라도 함께 하는 모임이 대세이다. 돈과 시간이 들지만 취향 공동체를 원하는 사람이 많기 때문이다. 또 문화센터처럼 여럿이어도 혼자인 수업, 동호회처럼 커리큘럼이 없는 양쪽의 빈자리를 채우고 싶어 한다.

사례를 들어보면 마케터로 일하는 박솔미(27)씨는 독서를 혼자가 아닌 모임으로 즐긴다. '트레바리'라는 커뮤니티 서비스에 가입, 관심사가 같은 회원들을 모아 한 달에 한 번씩 모임을 가져온 지 1년이 넘었다. 그간 마케팅부터 영화, 건축미술까지 다양한 독서를 경험했다. 박씨는 "독후감을 쓰며 생각을 정리하는 것, 또 나와 다른 이의 이야기를 듣는 일이 재미도 있고 가치있게 느껴진다"고 말했다. 2015년 트레바리를 창업한 윤수영 대표가 포인트로 삼은 것도 정확히 이런 맥락이다. "사람들이 혼자서는 읽지 않았을 책을 같이 읽으면서 서로의 생각을 소화하는 자리를 필요로 하고 있더라"는 것이다. 실제 저렴한 가격이 아님에도(넉 달 4회 모임에 19만~29만원) 80명으로

시작한 회원 수가 2년 만에 1300명으로 늘었다. 재가입 비율도 60%다. 과거 독서란 딱히 시간·장소의 구애를 받지 않으면서도 혼자 즐길 수 있다는 장점이 부각됐지만 이제는 이조차 다수가 소통하는 사교의 기회로 활용되는 셈이다.

혼자하기 좋은 취미로 꼽히는 피트니스도 교류의 장으로 탈바꿈되긴 마찬가지다. 새해마다 운동계획을 세우지만 늘 작심삼일이 됐던 직장인 양나래(29)씨는 운동 커뮤니티에 들며 흥미를 되찾았다. 양씨가 가입한 '버핏 서울'은 25~35세의 직장인 남녀 각각 8명씩을 한 그룹으로 짠 운동 프로그램을 운영하는데 운동 수준과 직업, 운동 동기 등이 맞는 사람들끼리 팀이 짜여지면 6주 동안 1주일에 한 번씩 만나 맨몸·소도구 운동을 함께 한다. 평일에도 그룹 대화창을 만들어 소통하며 친분을 쌓다보니 직장인들 사이에서는 "운동도 하고 연애도 하는 일석이조 모임"으로 입소문이 나 있다. 양씨는 "운동하는 동영상을 올리는 평일 미션을 팀 대결로 벌이다보니 혼자서만 안 할 수가 없는 장점이 있다"면서 "공감대가 있는 사람들끼리 만나기 때문에 프로그램이 끝나도 다시 정기적으로 만나는 경우가 많다"고 말했다.

스타일리스트 김신애(33)씨는 서너 명이 모여 그림을 그리는 홈아뜰리에 '앤드로잉'(anddrawing)에서 활동한다. 강사 집에서 서너 명씩 함께 그림을 그리는 소모임이다. "혼자 그리는 것보다 여럿이 모이면 주제를 잡는 것부터 아이디어를 공유하는 과정 자체가 훨씬 즐겁다"는 게 김씨가 이곳을 택한 이유다.

불황과 침체가 예상되는 요즘이지만, 취미 소비는 보다 활발해질 것으로 예상된다. 실제로 코로나 이후 소비를 가장 덜 줄인 영역이 취미 관련 소비였다. 향후 중고 거래 희망 품목에서도 게임·**취미 용품**, 스포츠·레저 용품 등 취미 관련 품목이 상위권에 자리하고 '나의 조기 은퇴를 방해하는 요인'을 묻는 질문에서도 '여가생활(여행레저) 자금 마련'이 상위권에 올랐다. 취미는 이제 포기할 수 없는 인생의 필수적 영역이 되어가고 있다.

코로나19 이후 영역 별 소비/지출 규모 변화 (코로나 이전 지출 규모 = 100 으로 가정했을때 이후의 지출 규모 비중)	Total	Trend Setter
여행(숙박비, 항공/교통비 등)	54.2	54.8
고급 식문화(오마카세 등 고급 식당 방문, 고급 식재료)	56.9	60.7
문화 생활비(도서, 공연/전시 관람 등)	58.1	61.0
뷰티(화장품, 향수 등)	63.6	68.5
인테리어(가구, 소품 등)	70.1	77.7
패션(의류, 신발, 잡화, 액세서리 등)	71.8	76.6
취미 용품(취미 생활에 필요한 장비 등)	72.0	82.8
IT/전자기기(휴대폰, 태블릿, 무선 이어폰, 노트북)	81.7	90.1
온라인 서비스(게임, 각종 구독 서비스, 모바일 앱)	84.4	97.1

[나의 조기 은퇴를 방해하는 요인 (1~2순위, %)]

취미 인구는 연령대를 넘어 확산되고 있다. 취미와 관심사는 커뮤니티, SNS를 통해 심화, 발전하곤 한다. 40대 이상 중장년층의 커뮤니티 참여도가 높아지고 있다. 최근 2,3년 사이 트로트 열풍을 타고 임영웅, 송가인 등 가수들이 중장년 층을 넘어 노년 층까지 적극적인 팬덤으로 거듭나게 했다.[6]

이 흐름을 타고 시니어 취미 시장도 계속 성장하고 있다. 지금의 중장년층은 새로운 것을 습득하기 위한 배움에 적극적일 뿐더러, 젊은 세대에 비해 재력과 구매력도 높다. 디지털 수용도도 이전에 비해 높다.

'키덜트' 시장이 대표적인데 어릴 적 취미와 관심사가 경제적 자유를 만나 소비를 부축인다. 레고(LEGO)는 이 시장을 타깃한 좋은 예시이다. 전 세계 연간 레고 판매량의 약20%를 성인이 구매한다.

레고는 이들에 주목해서 열정적인 성인 팬 AFOL(Adult Fan of LEGO)들을 위한 플랫폼 레고 아이디어스(LEGO Ideas)를 만들었다. 팬들이 창작한 작품을 이 플랫폼에 올리면 1만 표 이상 받은 제품을 실제 제품화한다. 연간 4~7개의 제품이 이를 통해 제품으로 출시된다. 창작자는 제품 순매출액의 1%를 받는다. 아예 본격적으로 시니어를 타깃하는 브랜드들도 생겨나고 있다. 5060세대를 위한 라이프스타일 플랫폼 '시소'를 운영하는 로쉬코리아가 대표적인 사례이다. 시니어를 위한 취미관련 콘텐츠를 소개하고 다양한 클래스를 운영, '오뉴하우스'라는 복합문화공간을 꾸려 오프라인 커뮤니티 활동도 지원한다.

이렇게 취미에 경계가 사라지는 만큼, 취미 관련 소비에도 전형성이 사라질 전망이다. '덕질'에 대한 인식이 최근 몇 년 사이 바뀌었듯, 기존의 틀을 넘어 계속 확장될 예정이다.

---

6) <'가성비'와 '플렉스' 사이... 데이터로 찾은 2023 소비시그널 7>, 중앙일보

04 취미 관련 어플

4. 취미 관련어플

내게 맞는 취미를 찾고 싶다면 다음의 어플을 이용해보자.

   가. 동호회 No.1앱, 소모임

그림 9 소모임 로고

동호회 어플 중 가장 많은 유저를 보유하고 있는 소모임은 출시됐을 때는 큰 반응이 없다가 꾸준한 입소문으로 빠른 시간에 회원들을 확보했다. 젊은 층부터 40~50대까지 연령층이 다양한 편이며 같은 지역, 같은 관심사별로 소모임들의 정모 스케줄일 오늘 기준 일자별로 깔끔히 정리되는 것이 이 어플의 장점이다. 사교/인맥 모임까지 수많은 소모임들이 있고 현재 수천 개가 넘는 정모가 매주 진행되고 있다. 단순 오프라인 정모 수량으로 보면 네이버 카페, 다음 카페보다드 더 많다. 이러한 점 때문에 네이버와 다음의 카페에서도 소모임 앱을 통해 오프라인 정모 홍보 및 인원 확보에 가장 많은 인프라를 구축하고 있다.

언론에도 많이 소개되었는데 다음은 각 언론에 소개된 내용들이다.
"동호회 활동의 문턱을 낮춘 스타트업 소모임" - 전자신문
"정모하는 모바일 동호회 소모임 어플 등장" - 아이티투데이
"취미활동 돕는 모바일 동호회 소모임 어플 눈길" - 데일리그리드
"동호회를 만들어 책도 읽고 봉사활동도 하고" - 오픈캐스트
"1인 가구를 위한 추천앱2 - 소모임" - 네이버 매거진캐스트

이렇게 동호회 어플로 유명세를 탄 소모임은 대학생, 직장인들한테 동호회, 사교, 스터디, 번개모임 용도로 많이 쓰이지만 2014년부터는 재테크, 어학, 수공예, 드로잉, 요리, 스포츠, 음악 등의 전문직 강사들이 이곳을 많이 이용하여 문화교양 강좌를 정모로 개설, 운영하기도 한다. 2015년부터는 앱개발, 창업, 유학/이민 관련 모임도 개설된 상태다. 여러모로 오프라인 유료 서비스의 모바일 회원 유치장소로 활용되고 있

으며 온라인 유료서비스인 프리미엄 모임을 하면 같은 취미, 같은 지역의 소모임 회원을 매일 초대할 수 있어 운영진 임명도 가능하다.

그림 10 소모임 어플

개인당 7개까지 소모임 가입이 가능하며, 각 모임 가입 이후 게시판 글 작성 및 정모 참석, 채팅이 가능하다. 단, 소모임 내 사진첩의 경우 별도의 가입 없이도 볼 수 있다.

실시간 소통공간

같은 관심사로 모여
멤버들간 끈끈한 교류

그림 11 소모임 어플

나. 일상을 바꿔줄 100가지 취미생활, 프립!

2013년부터 서비스를 시작한 프립은 달리기, 요가, 친구네 집 놀러가기, 맥주 만들기, 겨울 한탄강 트래킹, 보드게임, 책맥, 카약, 나무도마 만들기, 등산 등 "이런 것도 배울 수 있나?" 싶을 만큼 다종다양한 취미생활을 모아놓은 앱으로, 에어비앤비처럼 호스트가 활동을 올리면 참여를 원하는 이가 소정의 비용을 내고 참가하는 방식이다.

그림 12 어플 프립

프립에는 현재 호스트 2,500여명이 아웃도어와 스포츠, 요림음식, 문화 예술, 지식 나눔 등의 활동을 함께하고 있다. 종류가 많은 만큼 이색취미활동도 많이 있다.

매월 프립 활동에 참가하는 오프라인 참여자는 7,000~8,000여 명이다. 액티비티는 물론 조용히 혼자 즐길 수 있는 여가 생활까지 고르게 분포돼있다. 최근에는 윤식당 효과로 스페인어 강의가 뜨고 있다고 한다. 향후 위안부 할머니를 위한 달리기도 추가한다고 하니 단순히 취미생활만 하는 것이 아닌 의미 있는 활동도 가능하다.

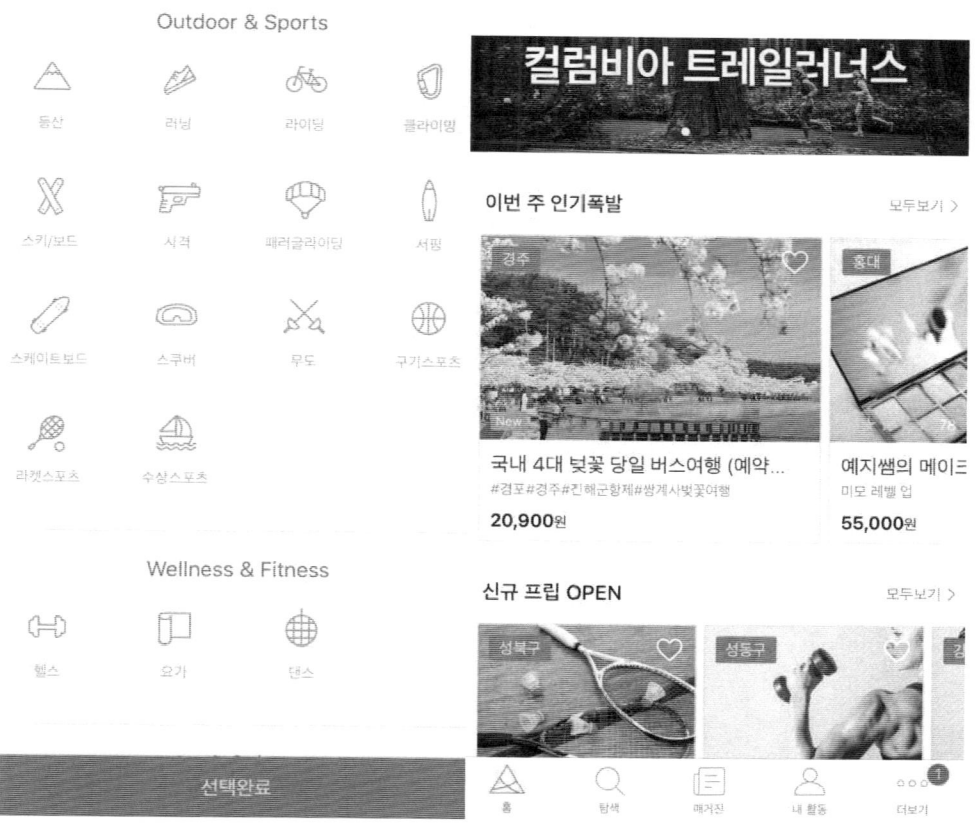

그림 13 프립 카테고리   그림 14 프립 메인화면

프립으로 취미를 즐기는 방법은 원하는 활동을 고르고 참가하기만 하면 된다. 동아리처럼 가입 절차나 친목도모 과정이 없기 때문에 조직 구성원이 되야 한다는 부담 없이 나만의 취미활동을 즐길 수 있다. 커뮤니티에서 발생할 수 있는 사람으로 인한 스트레스는 확연히 적은 것이다. 평소 혼자하기 망설여졌던 봉사활동이나 달리기, 등산 등 선택해서 참여하고, 사람과 어울리는 활동을 원한다면 소셜활동이 포함된 활동을 선택해서 참여하면 된다.

경험 이후 배우는 단계로 이어질 수 있도록 프로그램을 설계해 뒀기 때문에 자신에게 맞는 활동을 찾으면 심화 활동으로 연계할 수도 있다. 초기 비용에 대한 고민 없이 원하는 활동을 접해보고 자신에게 맞는 취미를 발견하는 재미도 쏠쏠하다. [7]

---

[7] <놀자, 새로운 세계가 열린다 '프립', 네이버 포스트 스타트업 인터뷰(2018.03.05)>

다. 동영상으로 배우는 취미생활, 'class101'

class 101은 2015년 설립한 스타트업 <페달링 주식회사>가 서비스하는 어플로, 유튜브 크리에이터들과 고객을 이어주는 온라인 클래스 플랫폼이다. 어플을 통해서 유명 창작자들이 직접 올린 동영상 클래스를 통해 사용자가 원하는 취미 실력을 키울 수 있다.

과외선생님과 학생들을 연결해주는 과외서비스로 시작한 페달링은 현재 빠르게 성장하고 있는 20~30대의 여가시간으로 시장 확대를 꾀했고, 1인 가구가 급속히 확산됨에 따라 여가 활동을 혼자 즐기는 비율이 높아지고 있다는 점과 오프라인 클래스의 한계를 깨닫고 온라인 서비스 'class101'을 출시하게 되었다.

그림 15 class101 홈페이지

클래스101은 구매를 한 고객에게 키트를 제공하며, 어플을 통해 손쉽게 따라할 수 있다. 다른 취미관련 서비스와는 다르게 '크리에이터' 중심 클래스로, 크리에이터가 직접 수업을 제작한다는 특징이 있다. 이전의 과외서비스를 운영하며 온/오프라인에서 수많은 프리랜스를 만나온 페달링팀은 클래스101 서비스를 런칭하기 전부터 뛰어난 크리에이터들과 협업하여 수업을 만들었다.

유튜버, 크리에이터들의 활동이 활발해지고 있고, 이들의 영향력과 브랜드 파워는 엄청나다. 이들이 생산해 내는 가치도 높으며, 크리에이터들은 채널을 넓히고 싶은 니즈

가 있기에, 이들 모두 자신의 컨텐츠를 온라인으로 판매하는 아이디어에 긍정적이었고, 온라인 클래스 계획까지 정할 수 있었다.

이로써 크리에이터는 유료 강의 판매를 통해 수익도 얻을 수 있으며 오프라인 강의와 달리 사용자가 원하는 시간과 장소에서 강의를 볼 수 있기 때문에, 사용자도 사용하기 편리하다. 한 번 구매 시 "무제한 수강"이기 때문에 계속해서 반복해서 수강가능하다. 오프라인 강의보다 20~80% 저렴한 비용으로 강의를 제공하며, 창작자와 온라인으로 소통할 수 있기 때문에 유명인의 강의를 오프라인처럼 생생하게 수강할 수 있다.

class 101의 장점은 또 있다. 바로 '크라우드 펀딩'서비스를 실시하여 온라인 혹은 어플을 통해 듣고 싶은 수업의 '출시알람'을 신청할 수 있다는 점이다. 이를 통해 창작자는 수업에 대한 수요를 측정할 수 있으며, 어느 정도 기준 달성 시 수업료가 내려간다. 고객들은 저렴한 수업료를 내어 좋고 크리에이터들은 수요가 보장된 다음 동영상을 제작하기에 리스크가 확실히 줄어들어 좋다.

class 101에서는 취미 클래스를 구매하면 창작자가 직접 선정한 강의재료도 배송해줌으로써 강의 준비를 위한 추가부담을 덜어주기도 한다. 현재 증명사진 포토그래퍼 '시현하다', 가수 이효리의 '소길댁' 손글씨로 유명한 캘리그라퍼 겸 작가 '배정애', JTBC '말하는 대로'에 출연한 하이퍼리얼리즘 화가 '정중원' 등 유명 창작자들의 강의를 준비 중이다.

그림 16 '시현하다'의 포토샵 클래스

그림 17 '시현하다' 실제 수업 영상

라. 손쉽게 예약하는 취미활동, 마일로

그림 18 마일로

class101이 영상을 통해 취미를 공유하는 앱이라면, 마일로는 요가, 클라이밍, 댄스, 펜싱, 도자기공예, 베이킹 등 100여 가지의 종목의 취미활동, 문화생활 등을 실시간으로 예약하는 앱이다. 선호시간 및 장소 또는 추천 취미 정보에 따라 원하는 클래스를 손쉽게 예약가능하며, 내가 하고자 하는 활동, 날짜, 지역을 선택하면, 이용할 수 있는 센터가 어디 있는지 알려준다. '친구와 함께 즐기기'기능으로, 친구/연인/가족 등 같이 즐기고 싶은 사람들도 한 번에 예약가능하다. 취미생활에 관한 가이드 매거진도 제공하고 있어 보다 전문적인 정보를 얻을 수 있다.

마일로는 또한 취미활동 어플리케이션 최초로 중계수수료 0%를 실시했으며, 공급자가 주도하는 오픈마켓 시스템을 새로 도입했다. 중개수수료 무료화는 운동, 레저, 공예 등의 오프라인 취미/여가 서비스를 모바일로 연결해주는 O2O(online to Offline) 플랫폼 중 첫 시도이다.

먹고 마시기의 최고봉은 직접 만들어 먹기! 드링킹쿠킹 스튜디오 3선
내가 만들어서 더 맛있는, 건강식단부터 커피와 맥주까지

최고의 취미는 먹고 마시기 취미를 묻는다면 먹고 마시는 거라고 답하겠다. 모닝커피부터 건강한 점심메뉴와 퇴근 후 맥주 한 잔까지, 나의 일상에서 가장 즐거운 시간을 뽑으라면 먹고 마시는 순간이 떠오른다. ...

JUN 19, 2018

요가로 만나는 새로운 나
마일로X아디다스 '내 안에 새로운 나를 찾다' 캠페인 #5

요가로 만난 세 사람 마일로와 아디다스의 '내 안에 새로운 나를 찾다' 캠페인 요가 인플루언서 세 사람이 한 자리에 모였다. 서로 처음 만났음에도 '요가'라는 공통의 관심사를 통해 금세 가까워졌다. 요가에 다한 ...

MAY 28, 2018

'요가'라는 여행을 준비하는 이들을 위한 안내자
마일로X아디다스 '내 안에 새로운 나를 찾다' 캠페인 #4

행복을 위한 요가를 하는 중 안녕하세요. 마일로와 아디다스 '내 안에 새로운 나를 찾다' 캠페인 인플루언서 남이슬입니다. 항공사에서 일하다가 현재는 요가강사로 활동 중이에요. 수련과 수업 준비로 바쁘지만, ...

MAY 23, 2018

그림 19 마일로 매거진

그림 20 마일로 운동 카테고리 예약화면

마. 주말에 뭐하지?, ZUMO

ZUMO는 숨은 국내 여행 명소, 여행 트렌드, 나들이 정보, 각종 축제 등을 한데 모은, 매거진을 앱으로 구현한 것이다. TV소개되는 흔한 맛집, 여행지, 공연 정보가 아닌 숨은 맛집, 숨은 공연 정보를 앱에서 확인가능하다. 광고 없이 '주모'에디터들이 엄선한 소식을 소개해 알차며, 가입 시 성별, 나이, 싱글·커플, 자녀유무 등 기본 정보를 수집해 해당 사용자에게 맞는 일정을 추천해준다. 카테고리로 나뉘어 있어 관심사를 찾아보기 편리하고 #혼자 #주차가 편리한 #주변 즐길거리 등의 해시태그를 적용해 검색이 쉽다.

그림 21 ZUMO

어플은 무료 설치할 수 있으며, 사용에 필요한 계정 생성 과정도 쉽고 간단하다. 이메일은 물론, 페이스북, 카카오톡, 네이버, 구글 등 다양한 간편 로그인 기능을 지원하며 1분 내외의 짧은 시간에 회원 가입이 가능하다.

그림 22 ZUMO 어플 추천 테마

바. 버킷리스트 흥신소, 플라이어스

사람들의 버킷리스트를 이뤄주기 위해 만들었다는 플라이어스는 버킷리스트를 달성하기 위해 뜻이 맞는 이들을 모아 그들과 함께 계획을 세우고 목표를 실현시킬 수 있는 네트워킹 플랫폼이다. "우리 모두에겐 날고 싶은 하늘이 있었다.'가 플라이어스의 캐치프레이즈다.

플라이어스 멤버가 되기 위해서는 간단한 자기소개서 작성을 통한 선발과정을 거친 뒤 일정 금액의 멤버십 비용을 내야한다. 멤버로 선정되면 버킷리스트를 진행할 수 있고, 홍대와 제주 등에 있는 플라이어스 멤버들을 위한 아지트를 자유롭게 이용할 수 있다.

버킷리스트를 실현하는 방법은 간단하다. 하고 싶었지만 혼자서는 용기가 나지 않았던 일들을 버킷리스트 게시판에 작성하면, 참여를 원하는 다른 플라이어스 멤버들이 댓글을 단다. 최소 모집인원이 충족되면 버킷룸이 열리고 프로젝트가 시작된다.

그림 23 플라이어스 멤버모집 포스터   그림 24 플라이어스가 함께한 버킷리스트들

2016년 10월부터 시작된 플라이어스는 200여 명의 멤버들이 참여했으며 지금까지 달성한 버킷리스트가 100여 개에 달한다. 그동안 팟캐스트 제작, 벽화봉사, 유기견봉사, 버스킹 등 다양한 활동이 진행됐으며, 버스킹, 미술작품 전시회 탐방, 출판, 기차여행 등 다양한 버킷리스트 도전들이 현재 진행되고 있다.

플라이어스 특징 중 하나가 멤버들끼리 나이로 인한 상하관계가 생기는 것을 막기 위해 서로 영어이름을 부른다. 자유롭게 소통하며, 서로의 꿈을 이루기 위해 협력하는 것을 모토로 하기 때문이다.

플라이어스를 통해 본인이 꿈꿔왔던 일을 실현할 수도 있고, 타인의 꿈을 함께 도우며 새로운 재미를 느낄 수 있을 것이다.

사. 책 골라주는 어플, 플라이북

플라이북은 내 기분과 상황에 딱 맞는 책과의 만남, 선물과 손글씨를 동봉한 한 달에 한 권씩 도서 배송, 공공도서관에서 키오스크를 활용한 책 추천 등의 서비스를 제공하는 회사이다. 책과 사람을 이어주는 도서 플랫폼을 기본으로 어떤 책을 읽어야 할지 막막한 사람이나 책을 어렵고 지루하게 느끼는 사람들이 책을 더 즐겁게 여길 수 있도록 도와준다. 어플로 나에게 꼭 맞는 책을 추천받고, 읽고 싶은 책을 담아두거나, 바로 구매해서 읽을 수 있다. 읽은 책은 기록해서 다양한 사람들과 공유하거나 책을 좋아하는 사람들과 직접 만나 대화하는 모임에도 참여할 수 있다.

그림 25 플라이북 어플 화면

아. 관심사 기반 커뮤니티 플랫폼 '문토'

그림 26 문토

문토는 더 많은 사람들이 관심사를 기반으로 온라인으로도, 오프라인으로도 더 잘 연결될 수 있도록 돕는 관심사 기반 커뮤니티 플랫폼이다. ▲번개처럼 가볍게, 취향이 통하는 친구를 만날 수 있는 일회성 커뮤니티 '소셜링', ▲관심사를 기반으로 느슨하게, 온라인으로 지속적으로 연결되는 지속형 커뮤니티 '클럽', ▲지금 가장 힙한 관심사 정보를 공유하고 나누는 피드형 정보공유 커뮤니티 '라운지' 등 관심사에 기반한 다양한 형태의 온앤오프 커뮤니티 서비스 제공한다.

문토는 2021년 1월 런칭 25개월만에 누적 커뮤니티 오픈 수 약 18만 개, 누적 피드 수 10만 개, 누적 회원 수 52만 명을 달성했으며 '사람들 사이의 연결을 통해 일상을 보다 풍성하게 만들어 가겠다'는 미션에 집중하며 빠르게 성장하고 있다.

신규 투자로 참여한 ZVC 서지민 선임은 "MZ세대는 온라인으로 맺어지는 관계에 익숙한 세대이기도 하지만 동시에 오프라인으로도 연결되고 싶어하는 세대이다. 또한, 콘텐츠 소비자임에 동시에 창작자이기도 하다"며 "문토가 제공하는 앱 내 다양한 서비스들은 공통의 관심사를 가진 사람들이 온오프로 지속적으로 연결되고 그들만의 콘텐츠를 생성하는데 중추적인 역할을 할 것으로 기대된다"고 밝혔다.

문토 이미리 대표는 "정보기술의 발달로 개인의 취향이 더욱 세분화되며, 개인 관심사에 기반한 온앤오프 커뮤니티에 대한 니즈가 어느 때 보다 높아졌다"며 "문토는 이런 라이프스타일의 변화에 발맞춰 관심사에 기반한 소셜라이징부터, 정보 공유, 마켓플레이스까지 관심사 기반 모든 활동이 가능한 슈퍼서비스로 도약하겠다"고 밝혔다.[8]

---

8) <관심사 기반 커뮤니티 플랫폼 '문토', 52억 규모 시리즈 A 투자 유치>, 매일경제

자. 이모저모

그림 27 이모저모 로고

'이모저모'(이런모임, 저런모임)앱 역시 같은 취미를 가진 새로운 사람을 만나는 앱이다. 소모임과 마찬 가지로 내 지역내에 있는 정모활동이나 모임을 찾아준다. 또 언제든 원하는 관심사와 모임을 생성하고 관심사가 같은 회원 초대도 가능하다.

스포츠, 사진, 댄스 등 본인의 관심사에 맞게 다양한 취미와 사교 모임이 추천된다. 모임이 만들어지면 모임 회원들만의 공간에서 다양한 이야기와 사진을 공유하며 친목도 다질 수 있다.

이모저모에서는 같은 모임에 있는 멤버의 관심사가 궁금할 때 멤버의 프로필을 누르면 상대방이 가입한 관심사도 한눈에 보기 쉽다.

혼자서 즐기기엔 다소 부담스러웠던 일이나 취미를 이제 다양한 사람들과 함께 즐겨보자. 소개된 앱 외에도 네이버밴드, 프립, 소행성 등을 통해 다양한 관심사 모임을 찾을 수 있다. '이제 뭐할지?'를 고민하는 것이 아닌 매번 즐겁고 기다려지는 주말을 만들어보자.9)

---

9) <"취미생활…함께하고 싶은 어디 사람 없나요?"…다양해진 '취미앱>,. 센머니

05 취미 큐레이션 회사

5. 취미 큐레이션 관련 회사

가. 취미를 매달 배달해드립니다, 하비인더박스

그림 28 하비인더박스

하비인더박스는 바쁜 일상 속에 정작 취미를 갖고 싶어도 어떤 게 맞을지, 어디 가면 배울 수 있는지, 돈만 버리는 거 아닌지 고민하는 입문자들을 공략한다. '하비박스' '하비인더박스' '하비풀' 등 업체들은 취미생활을 즐길 수 있는 키트를 1~6개월 동안 정기적으로 매월 배달해주는 서비스를 제공한다. 그동안 호기심은 있었지만 쉽게 도전해보지 못했던 취미들이 주를 이룬다. 최근만 해도 '하비인더박스'는 핀홀카메라, 석고방향제, 천연가죽 필통, DIY플라워리스, 드립커피, 테라리움, 바크초콜릿, 네온사인 등 다양한 키트를 구성한 바 있어 이색취미를 즐길 수 있다. 자체 홈페이지에서 주문이 가능하다.

하비큐레이터가 있어 요즘 트렌드를 이끌고 있는 취미거리를 연구하며, 창작형·조립형·감상형·오락형·분석형 등 5가지 유형으로 성향을 분석해 패키지가 구성된다. 최근에는 간단한 취미 적성검사 코너를 마련해 적중률을 높이고, 큐레이터 시스템을 도입하여 취미로 시작해 이젠 달인이 된 사람들을 키트 제작에 참여시킨다. 큐레이터들이 키트 사용법을 알려주는 영상을 만들기도 하고 온라인 커뮤니티에서 구독자들의 질문을 해결해주기도 한다. 갤러리 게시판에 같은 취미를 즐기는 사람들의 작품도 구경할 수 있다.

취미키트의 가격은 한 달 3만 9900원으로, 천연 가죽 필통 만들기, 네온사인 장식, 테라리움 등 공예부터 마술·드론·프라모델 등 오락형 패키지까지 테마가 다양하다. 초보자가 서너 시간이면 완성할 수 있는 수준으로, '너무 쉽지도 어렵지도 않게 딱 성취감을 줄 만한 난이도'로 구성한다. 규칙적으로 시간을 내기 힘들거나 가까운 곳에서 배우기 힘든 사람들에게 다양한 경험을 제공해주니 재구독이 30%에 이른다.

취미키트는 하비인더박스가 직접 기획하기도 하고 전문가들과 협업하기도 한다. 최근에는 컬래버레이션 제의가 많이 들어와 좋은 제안이 있으면 하비인더박스가 키트화한다. 계절아이템, 밸런타인데이, 크리스마스 등 시즌별 아이템도 만들면서 트렌드를 잘 반영하고 있다.

그림 32 가장 인기있었던 핸드드립 커피키트

하비박스의 고객은 20~30대 여성뿐만아니라, 직장인 여성, 육아로 인한 활동이 자유롭지 못한 육아 맘들도 포함된다. 커플이나 신혼부부가 집에서 무언가 같이 할 수 있

고, 아이와 엄마가 함께 즐길 수 있다. 낙서하고 스티커를 붙이고 손으로 직접 하는 아날로그 감성은 누구나 좋아하기 때문에 사실 스마트폰이나 노트북과는 다른 느낌이다.

하비인더박스는 B2B로 S은행 임직원들을 대상으로 한 취미장려 프로그램의 일환으로, 1000개 정도의 하비인더박스를 패키지로 진행하기도 했다. 현재 정기배송하고 있는 멤버십 회원과 샵을 통해 원하는 취미를 그때 그때 구매 가능하다. 올리브영 강남 본점에도 입점하였고, 선물하기를 통해 패키지화된 취미생활을 즐길 수 있다.

나. 전문 레슨 매칭 서비스, Soomgo(숨고)

그림 33 숨고 로고

숨고는 취미와 O2O(온라인 신청 후 오프라인에서 강습)를 결합한 업체로, 필요한 기술을 주고 받는 이른바 '재능 공유 플랫폼'이다. 이용자의 요청이 있을 때마다 대응하는 온디멘드(On Demand)방식의 O2O(Online to offline)플랫폼으로 2015년 9월부터 웹 서비스를 시작했고, 2017년 2월 구글 안드로이드 앱을 출시했다.

숨고에서 '레슨' 항목은 중요한 비중을 차지하는데, 악기·운동·보컬 등 개인 수업을 원하는 이들이 조건을 지정해 신청하면 된다. 가야금·폴란드어·마라톤·스쿠버다이빙처럼 관심이 있어도 배우기 힘든 과목들을 배울 수 있다.

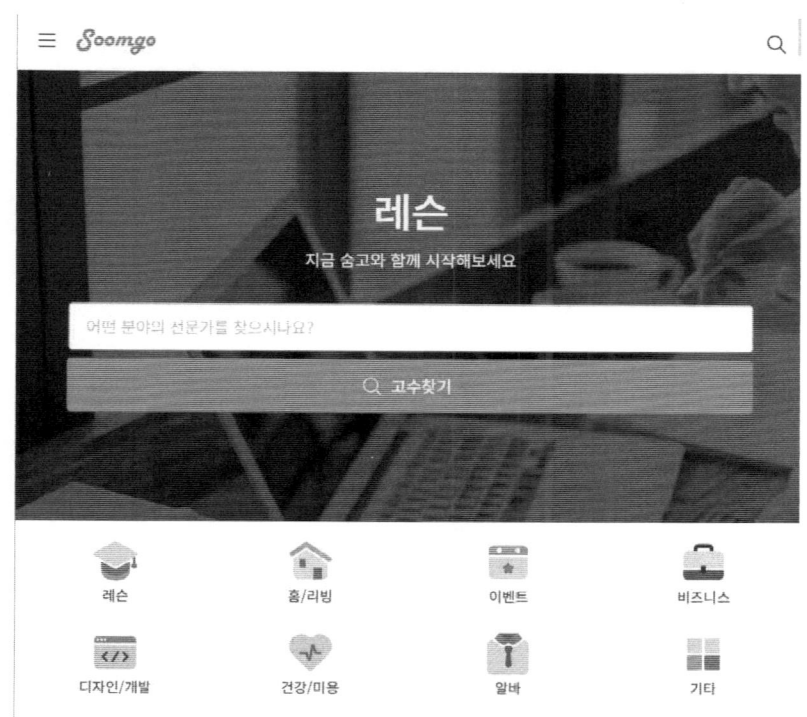

그림 34 숨고 레슨 화면

숨고의 이용방법은 다음과 같다. 우선, 숨고 홈페이지에서 원하는 서비스 분야를 선택한다. 그 다음 전문가의 조건을 묻는 요청사항을 작성한 후(배우고 싶은 분야, 레슨 형태, 레슨 횟수, 레슨 일정, 고수에게 전달할 사항, 레슨 장소, 선호 성별 등) 요청서를 보낸다. 72시간 내 최대 5명의 고수들로부터 맞춤 견적서를 포함한 제안서를 받게 되면 레슨방식, 예상가격, 고수 리뷰 등 종합적 검토를 통해 내가 원하는 고수를 선택하면 끝난다. 이렇게 숨은 고수와 매칭되기까지의 과정에서 발생되는 비용은 없다. 요청자와 숨은 고수와의 계약이 성립되면 그 이후부터 레슨 비용이 발생된다.

반대로 숨은 고수로 등록할 수도 있어 이용자뿐만 아니라 기능 제공자인 고수들에게도 유용하다. 고수들은 월 2만 5,000원을 내면 총 20개의 크레딧을 받을 수 있다. 견적서를 작성해 요청자에게 보내는 데 2크레딧이 든다. 보통 그 금액을 써서 한번이라도 고용되면 투자비용은 큰 비용이 아니라고 생각하는 고수들이 많다보니 보유 역량 및 재능 기반의 1인 서비스 창업을 통해 생계를 꾸리려는 사람들에겐 최적의 영업공간이다. 시간, 비용, 고객 확보 수준 등 모든 면에서 까다롭고 비효율적인 영업활동을 해야하던 이들에게 통합 매칭 플랫폼인 것이다.

그림 35 숨고 홈페이지 크레딧 구매

어떤 사람이든 본인의 재능과 특별함이 있다면 적은 비용으로 요청자를 구할 수 있기 때문에, 키워드 광고, 디스플레이 광고처럼 예산이 많은 사람에게 치우치는 구조가 아니라 대기업 견적서와 맞대도 이길 수 있는 '페어플레이' 구조이다.

고수 입장에서 다른 O2O 매칭 서비스랑 가장 차별화 되는 점은 거래에 대한 수수료가 없다는 점이다. 숨고는 거래액에 대한 수수료가 0이다. 서비스를 이용하기 위해 월정액 멤버십 요금제에 가입하면 된다. 멤버십에 일단 가입하면 월 수익 1억을 올려도 내는 비용이 고정이기 때문에 ROI가 크다. 단, 수수료 기반이 아니기 때문에 멤버십 기간 동안 고용이 100% 보장되지는 않는다. 고수 본인이 적극적으로 견적을 꾸미고 영업을 해야 성공확률을 높일 수 있다. 숨고에 따르면, 일반적으로 10회 이상 견적을 보내면 1번 이상 고용이 된다고 한다. 물론 이는 평균 수치로 고수의 영업력 및 숨고 활용 노하우에 따라 성공률이 다르다.

영업력이 부족하거나 숨고 플랫폼 이용 숙련도가 떨어지는 경우 전담 컨설턴트를 통해 고용 성공을 컨설팅 받을 수 있다. 컨설팅은 멤버십 가입 고수를 대상으로 무료로 이루어진다. 컨설턴트는 많은 이용자들의 통계를 가지고 고용될 가능성이 높은 tip을 알고 있으므로, 숨고가 되고 싶다면 컨설턴트에게 상담 받는 것을 권한다. 높은 고용 성공률이 결국 숨고에서 비용대비 높은 수익을 거두는 것과 직결되기 때문에 멤버십 기간 동안 적극적으로 팁을 습득하고 활용하는 것이 중요하다. 숨고를 통해 성공적으로 비즈니스를 성장시키고 있는 프리랜서 및 소상공인들의 숨고 이용 후기를 참고하는 것도 방법이다.

요청자 입장에서는 조건만 입력하면 매칭 시스템을 통해 최대 5명의 다양한 전문가로

부터 무료로 친절하게 상담을 받을 수 있기 때문에 직접 일일이 전문가를 비교하기 위해 검색포털 또는 구인사이트에서 수없이 스크롤 및 클릭을 해야 하는 수고를 덜 수 있다.

또한 서비스 공급자의 정보가 모두에게 노출되는 기존의 검색포털 및 구인사이트는 사실과 다르게 과장된 정보가 많을 수 있다는 단점이 있는 반면, 숨고는 일대일 매칭을 통해 대화를 이어가게 되므로 상대적으로 솔직한 서비스 정보를 얻을 수 있다.

2023년 3월 누적 가입자수 1,000만 명을 돌파했고, 누적 활동 고수 수는 120만 명을 넘어섰다. 숨고는 고객에게 만족도 높은 퀄리티의 서비스를 제공하는 고수들만 견적서만 발송할 수 있도록 고수 스크린제도를 점차적으로 강화할 예정이다. 또한 1,000만 고객의 빅데이터와 머신러닝을 이용하여 편리하고 믿을 수 있는 고객-전문가 매칭 AI 알고리즘을 끊임없이 개선한 매칭 4.0의 출시를 앞두고 있다.[10]

---

10) <숨고, 회원수 1000만명-고수 120만명 넘어서..홈/리빙 이어 레슨 카테고리 이용 높아>, 블록체인밸리

다. 국내 재능마켓 1위, 크몽

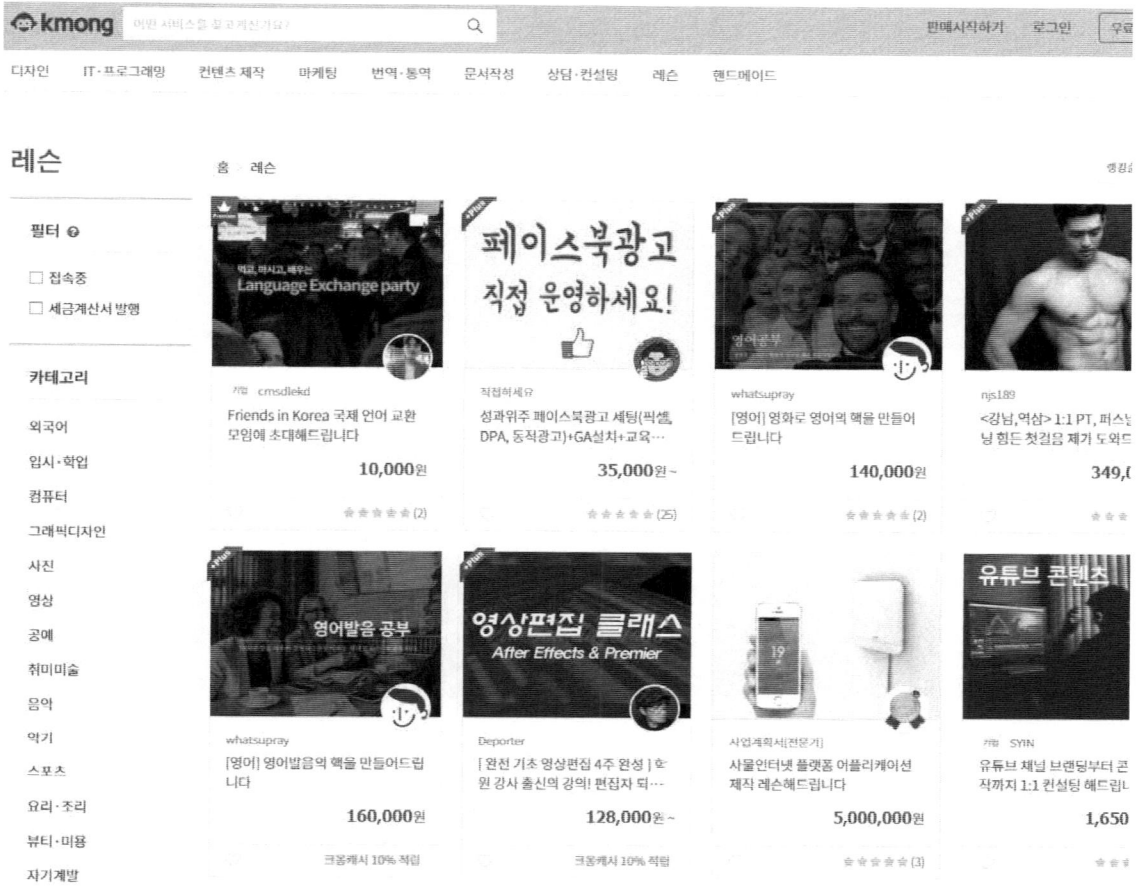

그림 36 크몽 홈페이지

2012년 창립된 크몽은 타인이 가지고 있는 무형의 재능, 서비스, 지식 등을 거래하는 재능마켓의 플랫폼이다. 디자인, IT, 마케팅, 상담&컨설팅 등의 다양한 서비스를 찾을 수 있다. 국내 재능마켓 1위로 알려져 있으며 실제로 재능마켓에서 재능 판매를 주업으로 하는 사람들의 말을 들어보면 카테고리마다 다소 편차는 있지만 크몽에서의 판매량이 다른 모든 재능마켓을 다 합쳐도 많다고 한다. 월 평균 5000여 건의 재능이 거래되며, 한번 독주하면 나머지 업체들을 다 잠식시키는 플랫폼 사업의 특성상 여러 가지 지표로 볼 때 타 업체들과의 격차가 점점 더 크게 벌어지고 있는 것이 확인된다.

순수 재능판매 금액이 1억을 넘긴 판매자도 크몽에서 2015년에 처음 나왔다. 2016년에는 1억을 넘긴 판매자가 10명을 넘어섰으며, 누적거래액이 100억을 돌파했다. 2018년 1월에 초에는 누적 거래액 300억을 돌파하는 등 현재까지 활발히 성장하고 있다. 매출 1억 이상 판매자는 현재 20명이 넘는다.

그림 37 크몽 사업 현황

원래 서비스 자체는 5천원에 케리커쳐를 그려주거나, 대신 연애편지를 써준다던지 개인 사용자 위주의 케쥬얼한 느낌의 서비스였지만, 점점 크몽에 소위 "꾼"들이 유입이 되면서 개인 사용자 위주보다는 비즈니스 거래가 점점 증가했다. 2016년부터는 아예 비즈니스 서비스 마켓플레이스를 표방하고 있다. 이에 따라 타 재능마켓과 다르게 B2C, 혹은 C2C 느낌을 주는 "재능" 이라는 단어를 사이트 내에서 삭제했다.

크몽은 다른 재능마켓들에 비해 인터페이스 화면이 깔끔하고 예쁘다는 평가가 주류를 이룬다. 여기에 평균연령 20대 스타트업 특유의 패기로 이것저것 실험적인 기능들도 자주 업데이트 하는 편이다. 일례로 2018년 초 법률서비스를 개편해 새로운 서비스를 시작한 바 있다. 기존 상담·컨설팅 카테고리에서 다뤄지던 법률서비스는 이번 개편으로 '법률 자문', '법무', '특허'로 세분화됐다. '법률 자문'의 경우 변호사, '법무'는 법무사, '특허'는 변리사 자격증 소지자만이 판매자로 등록가능하다.

크몽의 주요 수익원은 기존의 온라인 오픈 마켓 운영업체와 비슷하게 거래 수수료에서 나온다. 크몽은 재능거래 금액의 20%가량을 수수료로 뗀다. 요즘은 재능 판매자와 구매자가 가장 많이 찾는 대표 사이트라는 이미지가 굳어지면서 광고수익도 크게 늘고 있다.

크몽을 활용한 취미 찾기 방법은 다음과 같다. 크몽 홈페이지에는 각자가 보유하고 있는 다양한 재능을 팔겠다는 '재능 판매자' 7000여 명의 리스트가 빼곡하게 등록돼 있다. 판매자는 자신이 팔려고 내놓은 재능에 대한 상세한 설명과 함께 스스로 책정한 재능의 판매가격까지 제시하고 있다. 재능을 사려는 사람은 판매자가 내놓은 재능과 가격을 보고 선택에 회사에 통보하면 재능거래가 이뤄진다.

라. 일대일 재능 공유, 탈잉

그림 38 탈잉 로고

탈잉은 전문강사가 아니더라도 재능을 갖고 있는 누구나가 수업을 개설할 수 있는 온라인 플랫폼이다. 반대로 재능을 갖고 싶은 누구나가 탈잉을 통해 수준에 맞는 개인 수업을 들을 수 있다. 브랜드명도 재능을 뜻하는 영어단어 '탤런트'와 현재진행형을 뜻하는 '~ing'가 합쳐져 만들어졌다.

탈잉의 김윤환 대표는 사업을 시작하게 된 계기가 대학생 시절 헬스에 관심이 많았던 주변 친구들에게 저렴한 수강료로 노하우를 공유하기 시작하면서 아이디어를 얻었다고 한다. 김대표는 헬스 외에도 다른 분야에 대한 학생들의 욕구가 분명히 있을 것이라 생각했고, 서울 안암동에 위치한 학교의 지리적 특성 때문에 학원 밀집 지역으로 이동이 어려웠던 학우들을 위해 재능을 교류할 수 있는 교내 커뮤니티를 시작했다. 서비스는 주변 학교를 비롯해 직장인들 사이에서도 입소문이 났고 서비스로 요청이 많아져 본격적 사업을 시작했다.

운영 초반 서울 지역 대학생 위주로 펼쳐졌던 사업은 2017년 6월부터 지방까지 확장됐다. 현재 부산과 대구 지역 이용자는 전체 20%를 차지할 정도로 높은 성장세를 보이고 있다. 2018년에는 한화투자증권과 업무 제휴 협약을 체결하는 쾌거를 이루기도 했다. 한화 투자증권은 이번 업무협약을 통해 전문가 특강, 투자 지원금 이벤트 등 초보 투자자의 교육활동을 지원할 예정이다. 2022년 하반기 구조조정 등을 거쳐 2023년 상반기 전체 흑자전환 하였으며, 2분기부터는 성장을 재개하기 시작하여 2분기 매출은 1분기 대비 46% 성장하였다. 특히 6월에는 월 영업이익 1억원을 돌파하였고, 이는 창사 이래 최대 월 영업이익이다.

탈잉측은 B2B 사업 탈잉BIZ의 강화, chat GPT 및 전세사기 등 트렌드를 반영한 신규 콘텐츠들의 성공, 그리고 올해 새롭게 탈잉에 합류한 마미톡, 피플펀드 출신의 신규 팀의 마케팅 역량을 턴어라운드 할 수 있었던 배경으로 설명했다.

탈잉은 올 하반기에도 흑자 경영기조를 유지해갈 예정이며, 여러 새로운 카테고리 킬러 콘텐츠를 선보일 계획을 앞두고 있다. 튜터들이 자유롭게 VOD를 업로드할 수 있는 신규 기능을 론칭하여 기존보다 훨씬 더 빠르고 많은 신규 콘텐츠들이 업로드 할 계획이다.

탈잉의 팀원 모두가 전문 강사는 아니지만 본인들이 갖고 있던 취미 혹은 업무를 통해 습득한 능력을 바탕으로 강의를 진행하고 있다. 직접 강의도 해보고 고객들을 만나며 서비스 품질 개선을 위해 노력한 결과 탈잉은 2016년 초 창업한 이후 지금까지 매월 평균 40% 이상의 성장세를 나타내고 있다. 재능을 공급하고 있는 튜터의 수만 2천 5000명을 넘어섰고, 이용자는 5만 명 이상이다. 헬스나 뷰티, 포토샵 기술, 외국어 강좌, 주식 투자 등이 인기지만, 최근에는 폭탄주 만들기나, 비행기 티켓 싸게 예매하는 방법 등 생활 속 정보들도 강좌가 개설되고 있다.

그림 39 탈잉 튜터 등록 화면

탈잉의 이용방법은 원하는 주제의 수업을 찾고 다양한 튜터들의 강의 내용 및 수업의 리뷰를 살핀 후 카페 24를 통해 개설된 사이트나 앱에서 결제를 진행하면 된다. 실시간으로 튜터와 이야기도 나눌 수 있어 정확한 본인의 수준을 공유하고 시간과 장소도 협의할 수 있다. 그동안 튜터 800명이 주식투자, 필라테스, 영상 편집 등 다양한 주제 400여개로 수업을 열었다. '인형 뽑기의 달인', '나만의 무선 조종 자동차 만들기'처럼 취미를 배우는 수업도 있다.

튜터에게 지불하는 수업료는 수강생 수에 따라 다르다. 1대 1 수업은 시간당 2~3만 원, 4명~8명이 듣는 그룹 수업은 시간당 7000원~1만 5000원이다. 지금까지 누적 수강료가 10억 원이 넘는데, 탈잉은 튜터가 돈을 받아 갈 때 전체 수강료에서 10%의 수수료를 받으므로 지금까지 수수료 매출이 1억 원에 달한다고 볼 수 있다.

브랜드 신뢰도를 높이기 위해 탈잉에서는 튜터로 등록하기 전 개인의 커리어를 확인하고 커리큘럼에 대해 사전 점검도 실시한다. 반대로 뛰어난 재능을 가졌지만 강의 능력이 미숙한 튜터들을 대상으로 커리큘럼 작성 및 마케팅 지원 등의 컨설팅을 통해 인기 강사로 발전할 수 있도록 한다. 한달에 약 250명 정도 지원해 약 55%가 합격한다. 재학증명서, 신분증명서, 이력서를 내고 강의계획서를 작성하면 전화인터뷰를 거쳐 선발하기도 하고 튜티들이 시범수업을 듣고 투표를 해 선발하기도 한다. 수업을 잡아놓고 튜터가 나오지 않는 상황을 방지하기 위해 '영업팀'도 만들어 수업을 시작하기 전 모든 튜터를 직접 만난다.

튜터는 대학생이 70%, 직장인이 30%로 2030세대가 많다. 탈잉의 튜터링은 대학생들에게는 고액 알바에 속하며, 직장인에게는 '투잡'으로 가능하다. 튜터 중에는 '주식 강의'를 하고 있는 고려대 재학생 '나이준'씨가 유명하다. 나이준씨는 주식투자 경력이 6년 차로 2015년 수익률 50%, 2016년부터 2017년까지 수익률 20%를 유지하고 있는 주식 고수다. 400명 넘는 튜티가 몰려 1위 강좌를 등극했으며, 리뷰만 141개, 하버드 경영 대학원 졸업생, 맥킨지 컨설턴트도 찾고 있다고 한다. 튜티들은 돈에 여유가 있고 시간에 제약이 있는 직장인이 많다. 어떤 직장인은 두 달 동안 23개 수업을 신청해 듣고 있는 사람도 있다.

그림 40 탈잉 카테고리
11)

---

11) 탈잉 홈페이지

06 이색 취미 활동

6. 이색 취미 활동

가. 예술형

1) 니들펠트

가) 니들펠트란?

니들펠트는 양모를 바늘로 콕콕 찔러 모양을 만드는 공예로, 양모펠트라고도 한다. 푹신한 솜을 쿡쿡 찔러 내가 원하는 모양대로 만들 수 있어 자유도가 높다. 양모의 표면에 무수히 많은 비늘이 있어 열 또는 습기, 마찰이 가해지면 서로 엉겨 붙으면서 단단한 조직으로 변하는 성질이 있다. 니트를 뜨거운 물에 세탁했을 때 줄어드는 것을 생각하면 된다. 이 성질을 이용해 양모로 원단을 말하면 우리가 흔히 아는 부직포가 된다.

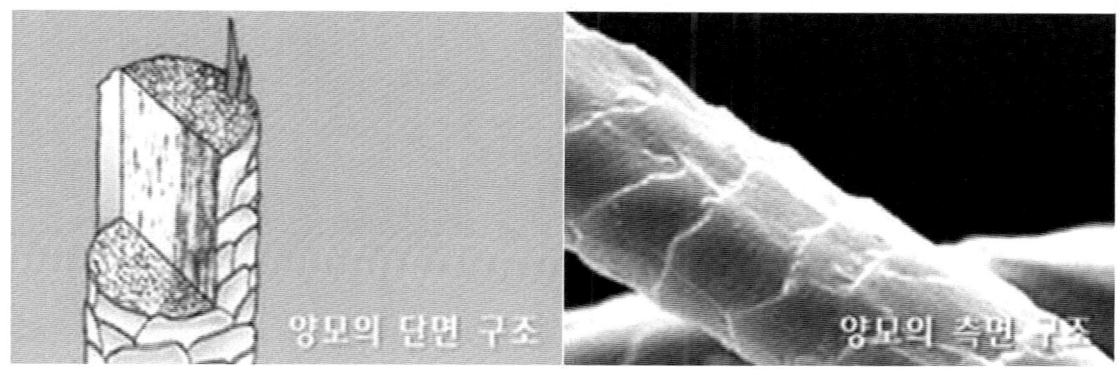

그림 41 양모 구조
12)

우리나라는 일반 펠트(소프트 펠트)공예가 각광받고 있지만 전 세계적으로는 니들펠트가 더 많이 알려져 있으며, 펠트라고 하면 대부분 양포 펠트로 인식한다. 또한 외국의 수많은 Textile Stylelist 들이 가장 많이 선호하는 공예중의 하나이다.

양모펠트의 가장 큰 장점은 개인의 개성을 넣은 예술작품을 만들 수 있다는 것에 있다. 표현할 수 있는 패턴/문양이 무궁무진하고 다양한 제품에 응용가능하다.

---

12) 출저: 한국펠트협회

그림 42 니들펠트 작품

나) 준비재료

니들펠트에 사용되는 펠트용 바늘의 종류는 3가지가 있는데 1구, 3구, 5구짜리 바늘이 있다. 1구는 바늘이 1개이며 주로 모양잡기와 섬세한 표현을 할때 사용한다. 3구는 바늘이 3개로 1구와 5구의 장점을 두루 갖춘 바늘이다. 주로 단단하게 뭉쳐줄 때 사용한다. 5구는 바늘이 5개로 크고 넓은 범위를 단단하게 뭉치거나 펼 때 사용한다. 작품 크기에 따라 사용되는 바늘은 다르겠지만 보통은 1구와 3구 바늘이 많이 사용된다.

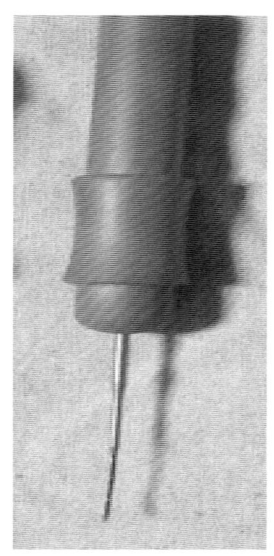
그림 43 1구 바늘

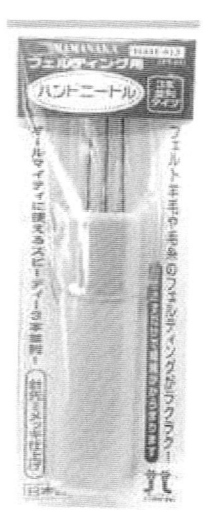
그림 44 3구 바늘

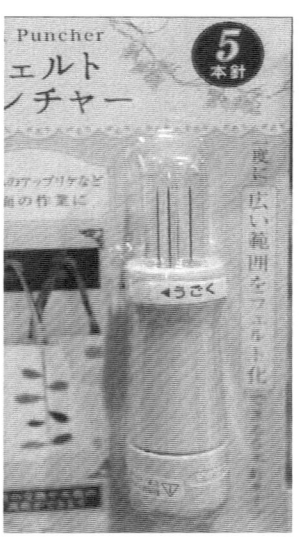
그림 45 5구 바늘

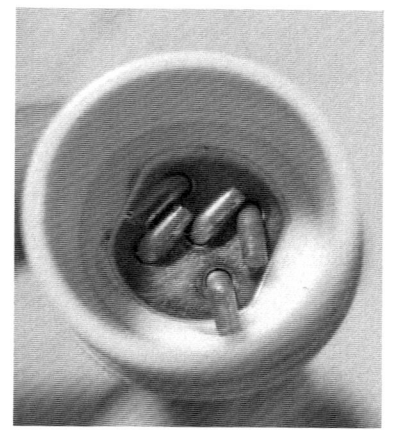
그림 46 바늘 리필 모양

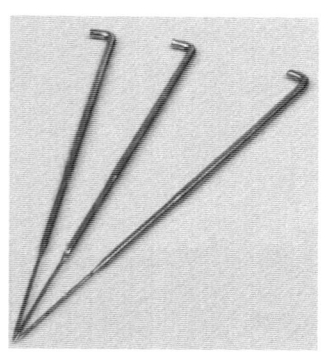
그림 47 리필용 바늘

펠트용 바늘은 일반바늘과는 다르게 표면이 매끄럽지 않고 가시가 돋힌 듯이 생겼는데 이 가시 같은 바늘이 들어갔다 나왔다를 반복하여 양모를 엉기게 만들면서 단단한 형태로 만들어 준다. 바늘은 쉽게 부러질 수 있기 때문에 항상 찌를 때에는 찌르는 방향이 수직이 되도록 해야 하며, 바늘이 부러졌을 경우에는 리필용 바늘을 구입해서 바늘만 교체해주면 된다.

다) 만드는 방법

하는 방법은 다음과 같다. 먼저 양모 뭉치에서 양모를 손으로 조금씩 뽑아 적당한 야을 모은다. 그 다음엔 스펀지위에 모인 양모를 돌돌 말아 적당히 뭉치도록 바들로 찔러준다. 어느 정도 단단해지면 모양을 생각하면서 찔러주면 된다.

그림 48 니들펠트 하는 방법

2) 페이퍼 커팅

가) 페이퍼커팅이란?

밑그림에 색을 칠하며 스트레스를 해소하는 컬러링 북이 서점가를 휩쓸며 한참 화제가 됐었는데 이제는 작은 커터칼 하나로 종이를 잘라 예술작품을 만드는 페이퍼커팅이 새롭게 떠오르는 취미활동이 되고 있다. 예쁜 모양대로 종이를 오리다 보면 잡념이 사라지면서 마음이 편안해진다. 완성한 종이 작품은 모빌로 만들거나 테이블 위에 놓아 장식해도 근사한 작품이다.

대표적인 페이퍼커팅 작가는 지빌레 셴커가 디자인한 작품인 '헨젤과 그레텔', '빨간 모자'가 그 대표적인 예이다. 국내에도 페이퍼 컷팅으로 유명한 최향미 작가가 있다.

[13)]

그림 49 페이퍼 커팅

나) 준비재료

페이퍼커팅을 하기 위해서는 우선 도안이 필요하다. 도안은 책을 통해 얻을 수 있는데 복잡한 도안부터 섬세한 도안까지 선택할 수 있다. 단순하게 페이퍼 커팅하는데 의의를 두고 싶다면 각종 포털 사이트에 '페이퍼 컷팅 도안'이라고 검색하면 다양한 도안을 쉽게 찾을 수 있다.

또 필요한 준비물은 크게 고무매트, 가위, 문구용 칼, 아트 나이프 등이 있다. 페이퍼 커팅 아트는 섬세한 칼질을 요구하므로 부드러운 고무 매트가 필요한데, 고무매트가 없다면 종이를 자를 때 받칠 수 있는 잡지나 신문을 사용할 수 있다.

---

13) Eugenia Zoloto 의 페이퍼커팅 작품

그림 50 아트나이프　　　　　　　　　　그림 51 페이퍼 커팅 준비물

가장 중요한 준비물인 아트 나이프는 펜처럼 쥐고 작은 부분까지 자를 수 있는 칼이다. 끝이 매우 뾰족하니 작업 중 다치지 않도록 조심해야 한다. 대부분의 작업을 아트 나이프로 할 수 있지만 굵직한 부분이나 테두리 등은 문구용 칼이 더 유용한 경우가 있으니 문구용 칼도 준비하면 좋다. 마지막으로 섬세하게 오린 부분은 손에 밀려 찢길 수 있는데, 이런 부분에 마스킹 테이프를 붙이면 오리다가 찢기는 경우를 예방할 수 있다.

　　　　다) 만드는 방법

하는 방법은 아트나이프로 도안의 선을 따라 작은 부분에서 큰 부분 순서로 잘라준다. 안쪽 작은 부분부터 잘라야 종이가 쉽게 찢어지지 않는다. 편안한 마음으로 하얀 바탕에 수놓아진 도안을 따라가면서 손끝에 집중하면 된다.

이렇게 완성된 작품은 인테리어 소품으로 활용하거나 파티에 장식용품, 감성 충만하게 손편지와 함께 전달 가능하다.

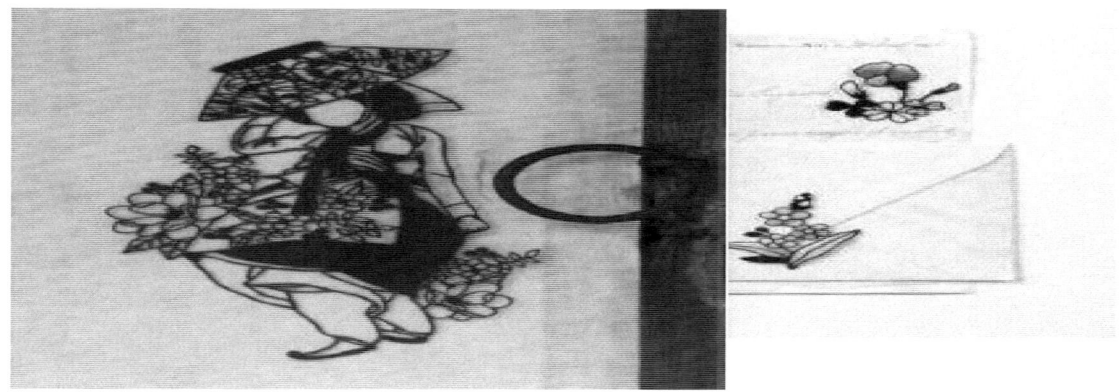

그림 52 페이퍼커팅 활용

3) 가죽공예

가) 가죽공예란?

가죽공예란 가동되지 않은 원피(생가죽)에 여러가지 조각도구를 이용하여 가죽 표면에 그림이나 문양 등을 조각하거나 채색하여 일상 소품 등을 만드는 예술 공예이다. 제품만들기는 하나하나 수작업으로 진행되며 이미 가공된 가죽으로 기계를 사용하여 대량생산되는 일반 가죽제품과는 전혀 다르다.

가죽은 가공방법에 따라 다양한 형태로 만들 수 있고, 조각이나 그림을 그려 넣고 염색을 하는 등 자유로운 표현이 가능하다. 접착제나 바느질 사용도 자유로워 다양한 형태의 디자인도 할 수 있다. 이렇게 만들어진 가죽 제품의 가장 큰 매력은 시간이 지날수록 깊은 맛을 더해간다는 것이다. 흔히들 '사용하면 할수록 세월이 빚어낸 아름다움이 느껴지는 게 가죽제품'이라고 말한다.

가죽 제품이 갖는 매력도 좋지만, 가죽 제품을 만드는 일도 이에 못지않다. 처음부터 끝까지 수작업으로 이루어지는 가죽 공예는 정성스럽게 다듬어 만져주고, 한 땀 한 땀 바느질로 완성해가는 재미가 있다. 나만의 스타일로 한 땀 한 땀 바느질로 완성한 가죽제품이라면 어느 명품 부럽지 않다.

수작업으로 만든 가죽 지갑이나 가죽 가방을 보면 누구나 욕심내지만 직접 만들어 볼 엄두를 내기는 쉽지 않다. 하지만 가죽 공예는 누구나 접근할 수 있는 취미이다. 작품에 따라 난이도는 다르지만 자그마한 동전지갑이나 명함 케이스는 초보자도 하루 정도면 배워서 제작가능하다.

그림 53 가죽공예

나) 준비재료

가죽공예의 도구는 정말 종류가 많기 때문에 자신에게 필요한 도구가 무엇인지 알고 구입하는 것이 좋다. 혼자 가죽 공예에 도전할 때 가장 난감한 것이 가죽을 구매하는 일인데 요즘은 인터넷으로도 구매가 가능하므로 자신이 원하는 질감과 색감의 가죽을 구매하도록 한다.
14)

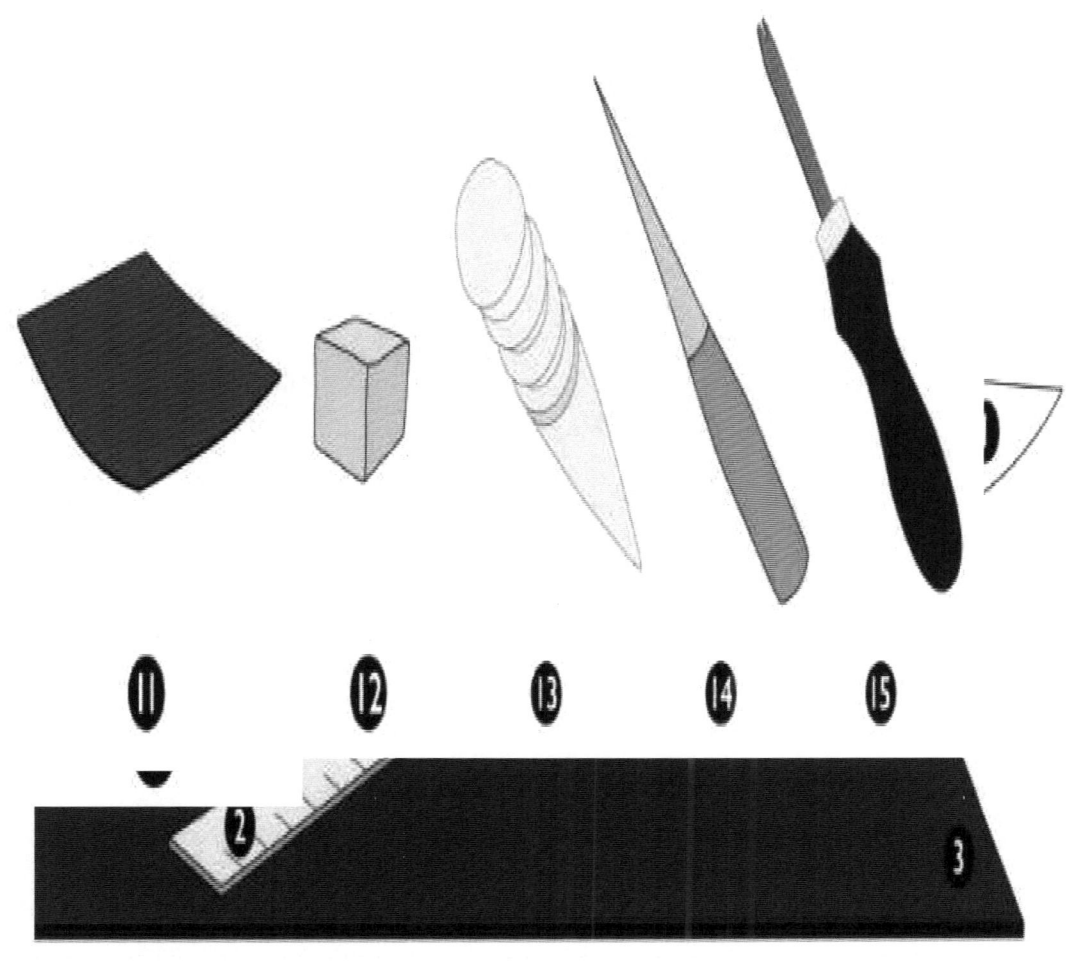

그림 54 가죽공예 기본 도구

❶도안종이 : A2 사이즈의 두꺼운 모눈종이
❷쇠자 : 일제 무광 쇠자
❸재단판: PVC재질의 재단판
❹재단도구: 구두칼-팔로산토, 동경수차/커터칼-도루코, NT커터 칼날

---

14) <가죽공예 독학 어렵지 않아요!>.다음 브런치 방콕형제 블로그 (2016.10)

❺라운드 커터: 라운드 커터 대신 조각칼도 사용가능
❻목타 : 마이레더툴 하이스강 2날/10날 세트
❼망치: 우레탄 망치
❽실과바늘 : 린넨실- 린카블레, 캠벨/나일론실-퀴터만, 세라필
❾마감재 : 토코놀
❿접착제 : 스타본드 960
⓫사포: 400방 사포
⓬비즈왁스(밀랍)
⓭슬리커
⓮송곳
⓯엣지비베러

다) 가죽공예 시작하기

가죽공예를 시작하는 방법은 2가지가 있다. 먼저 인터넷 카페나 동영상을 보고 혼자 터득하는 독학이 있고, 두번째는 공방에서 수강하는 방법이 있다.

인터넷을 통한 독학은 비싼 수강료가 들지 않는 대신 재료부터 혼자 찾아서 준비해야 하는 단점이 있다. 그러나 몇 가지 기술만 알면 틀에 박히지 않은 나만의 개성있는 작품을 자유롭게 만들 수 있기 때문에 독학을 추천하는 이도 많다.

공방에서 수강하는 방법은 재료부터 커리큘럼까지 준비되어 있기 때문에 수강료만 내면 편리하게 배울 수 있다. 수강료는 대부분 4주 기준 일주일에 하루 4시간 수업으로 해서 저렴하면 15만 원부터 50만 원 이상까지도 책정 된다.

공방 수강은 선생님이 있어 모르는 부분이 있으면 바로바로 질문해 넘어갈 수 있다는 장점이 있다. 또한 다양한 도구들이 구비되어 있어 원하는 모양을 제한 없이 만들어 볼 수 있다.

공방을 통한 방법은 선생님 스타일에 따른 영향을 받기 때문에 수강 등록 전에 선생님의 작품을 보고 나와 맞는지 확인하는 것이 좋다. 또한 일일클래스를 통해 취미생활로 가죽공예가 나와 맞는지 살펴보는 것도 하나의 팁이다. 가죽공예는 장시간 앉아서 작업을 하고 세심한 바느질 작업이 많기 때문에 이러한 부분을 참지 못하면 추천하지 않는다. 또한 가죽이 비싼 경우가 많기 때문에 경제적인 여건이 되지 않는다면 더 저렴한 공예활동을 추천한다.

4) 도자공예

집에 수제 도예품을 들이면 기분이 좋아지는 것은 물론이고 마음이 넉넉해지는 기분이다. 공장에서 나온 것이 아닌 도예가가 만든 개성 있는 예쁜 그릇에 음식을 담고 싶을 때, 주위 소중한 사람에게 선물을 하려고 할 때, 또는 특별하게 집을 꾸밀 디자인 오브제를 찾을 때 취미로 도예를 배우는 것이 어떨까?

가) 도예란?

도자 공예는 흙을 반죽해 그릇을 만드는 예술로, 세계의 모든 문화 중에서도 가장 오래된 기술 중 하나라고 한다. 조각, 조소와 분별되는 특징은 가마를 통해 구워낸다는 것. 고온의 소성을 통해 태토를 소결시키고 성질과 색깔, 내구성을 변형시키는 것이다.

도예는 점토로 빚은 그릇에 유약을 덧칠해 고온으로 구워 만든다. 유약이란 습기가 스며들지 못하게 도기의 표면을 감싸면서, 광택이 나게 하는 마무릴 위한 액체 약품이다. 오래 굽는 것으로 습기도 빠지면 광택이 나는 효과가 있다.

도자는 흔히 물레를 돌려 전문적으로 하는 작품 활동을 떠올리게 한다. 그러나 최근 도자는 혼자만의 시간을 가지고 싶은 회사원이나 자신만의 식기를 만들고 싶은 주부들에게 취미생활로 인기다. 전국의 도예공방에 도자기를 만들러 온 수강생, 관광객들을 보면 알 수 있다.

그림 55 도자기

자신의 스타일대로 연출이 가능한 것도 도자공예의 또 다른 매력인데, 자신만의 작품에 오롯이 집중하며 스트레스를 해소할 수 있는 것이 도예의 장점으로 직장인 여성들한테 인기가 많다.

나) 만드는 방법

(1) 핸드빌딩

초보자는 물레를 사용해 작품을 만들기는 어렵지만 핸드빌딩(물레가 아닌 손으로 작업하는 것) 방식으로 화분, 컵, 접시 등을 완성할 수 있다. 찰흙을 밀대로 밀어 동그란 그릇 모양 틀에 올리거나 틀 없이 사각 면을 이어 붙여 모양을 만들고 건조 후 가마에 구워내는 방식이다.

공방별로 손으로 흙 반죽을 주물러 작품을 만드는 프로그램, 미리 만들어 놓은 도자기에 그림을 그리는 프로그램도 있다. 원데이, 취미로 즐기는 사람에게는 도자기에 그림을 그리는 강의가 인기라고 한다.

하얀 도자기에 붓으로 원하는 형태를 그리기 위해서는 상당한 집중력이 필요한데, 먼저 연필이나 네임펜을 이용해 도자기에 밑그림을 그린 후 1250°C에서도 생생한 색을 유지하는 고화도 물감을 사용해 그림을 그린다. 도구를 이용해 독특한 느낌을 낼 수도 있다. 종이와 달리 도자기는 굴곡이 있고, 붓결은 그대로 표현되므로 멍울 자국이 생기기도 한다.

준비재료는 면 보자기, 찰흙, 밀대, 그릇 표면을 다듬어줄 물통과 해면이 필요하다.

그림 56 찰흙과 면보자기

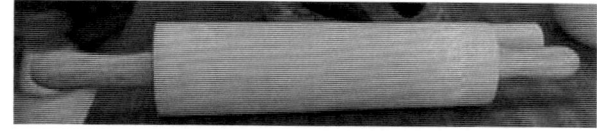
그림 57 밀대

그림 58 해면

(2) 물레를 이용한 도자기굽기

물레로 도자기 만들기는 매우 어려운 수준에 해당하며, 적어도 1년 이상은 배워야 제대로 된 그릇을 만든다고 한다.

발이나 손으로 돌리는 것이 있지만 이는 항아리처럼 큰 물건을 만들거나 속도를 조절하면서 정교한 작업을 하는 전문가들이 주로 사용하며 일반인에게는 전기 물레가 적합하다. 물레는 도자기용 흙의 무게에 따라 보통 15파운드에서 70파운드 짜리까지 있다. 15파운드 짜리로는 조그만 접시 정도를 만들 수 있다. 그러나 나중에 좀더 큰 도자기를 만들 때에 대비해 50파운드를 올려놓을 수 있는 게 무난하다. 이 정도면 버킷(bucket) 크기를 소화할 수 있다. 메이커별로 종류가 다양하고 고장이 잘 나기 때문에 구입에 앞서 전문가에 문의하는 게 좋다.

도자기를 만들어 유약까지 칠하면 마지막 단계는 굽기이다. 일반인도 전기가마를 구입하면 집에서도 간단히 도자기를 구울 수 있다. 크기는 컵하나 정도를 구울 수있는 것에서부터 큰 책상 만한 것까지 다양하다.

(3) 핸드페인팅

도자기 자체를 제작하기 부담스러운 경우 도자기 핸드페인팅을 시도해 볼 수 있다. 도자기에 그림을 그려 넣어 완성하는 도자기 핸드페인팅은 초보자도 쉽게 도전할 수 있으며, 하는 동안 마음도 정화시켜 준다. 서울의 한 도예공방에서는 아름다운 사계절을 닮은 꽃과 식물을 그릇에 새기는 원데이 클래스를 진행한다. 도예 전문가 선생님의 섬세한 가이드로 수업이 진행된다. 수업 진행 과정은 도자기에 그리고 싶은 꽃과 식물을 구상하고, 접시나 꽃병, 그릇 등에 구상한 디자인을 스케치하고 도자 전용 물감으로 채색한 뒤 가마 소성을 거친 뒤 마무리 손질 후 완성된다. 도자기에 그림을

그리는 동안은 오롯이 자신에게 집중하는 시간을 가질 수 있다. 또 그릇에 그림을 그려 넣는 것만으로 세상에 하나밖에 없는 특별한 그릇이 만들어지는 경험은 색다른 성취감을 안겨준다.

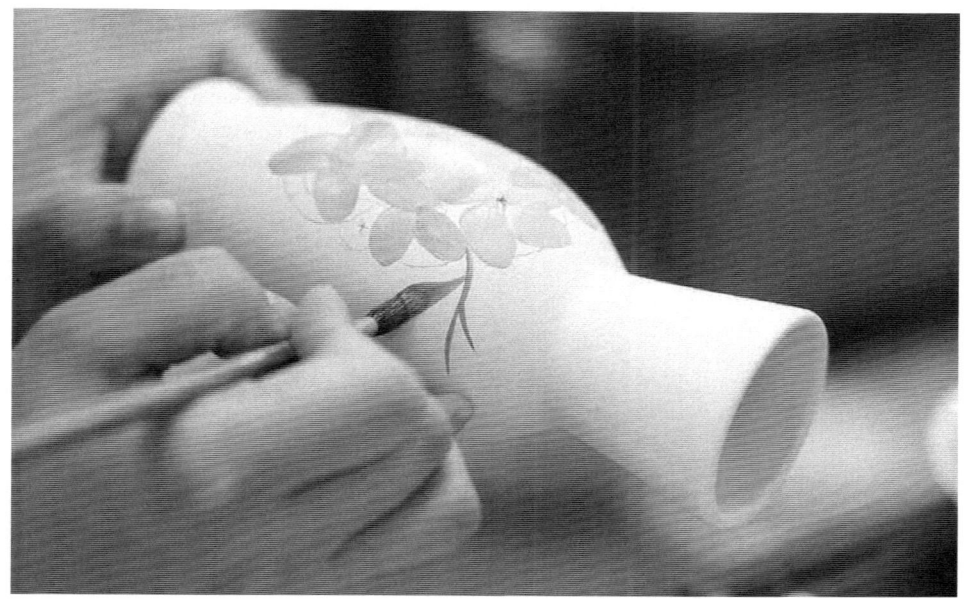

그림 59 도자기 핸드페인팅

5) 스트링 아트

가) 스트링 아트란

스트링아트는 수학과 예술을 접목한 예술 작품으로 실이나 끈을 이용해 만든다. 라인 디자인이라고도 하는 스트링 아트는 수학의 원리를 이용해, 곡선을 쓰지 않고 직선만을 이용해 아름다운 모양을 만들어낼 수 있다. 몇 해 전부터 나무판자에 못을 박고 그 위에 털실을 이용해 장식품을 만드는 스트링 아트가 유행하고 있다. 바느질로 나만의 엽서나 옷도 만들 수 있어 실용성도 높다.

그림 60 스트링아트 작품

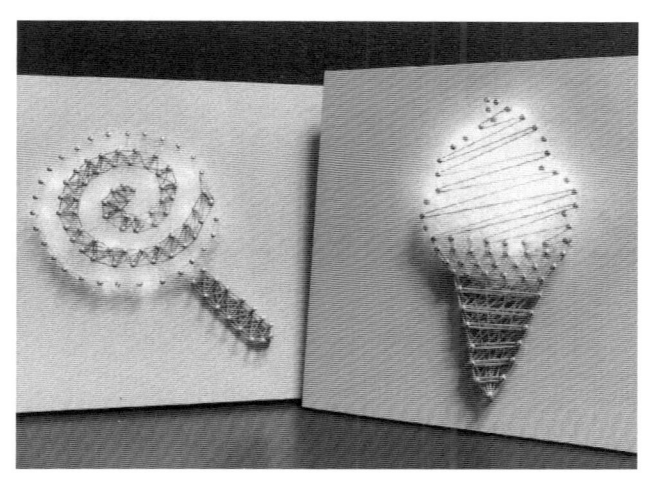

그림 61 스트링아트를 이용한 조명

스트링 아트는 원래 수학을 가르치기 위해 고안된 것으로 19세기 영국 여성 수학자 메리가 학생들에게 수학을 가르칠 때 만들어진 것이다. 메리는 직선 모양은 자를 이용해 그릴 수 있는 반면 곡선 모양의 그래프는 펜으로 그리기가 쉽지 않았다. 그래서 떠올린 것이 자신이 잘하는 바느질을 이용한 방법이다. 실제로 바느질은 직선과 곡선의 개념, 곡선의 굽은 정도를 표현하기에 적합한 훌륭한 수학 도구이다. 그래프뿐만아니라 도형의 움직임이나 함수의 그래프 변화를 나타내는 미분을 설명하기도 쉬웠다. 그래서인지 컴퓨터가 발전하기 전인 1970년대까지도 바느질을 이용한 수학 학습은 인기가 많았다.

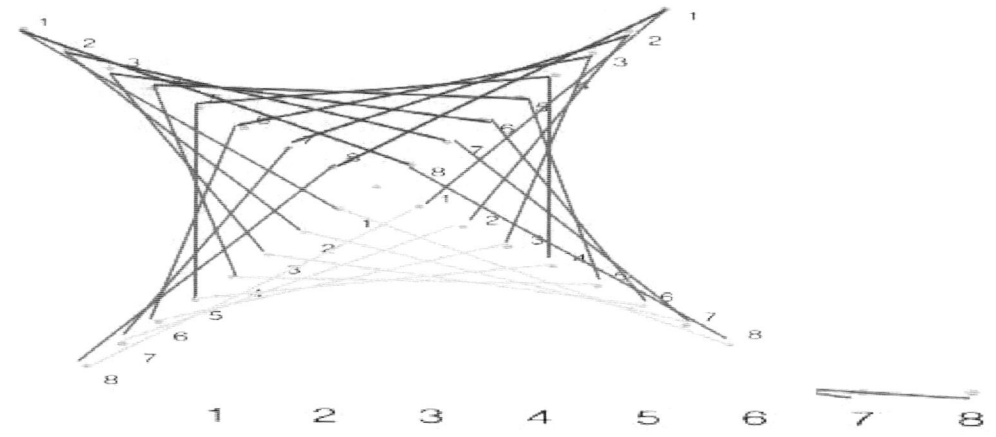

그림 62 스트링 아트 원리

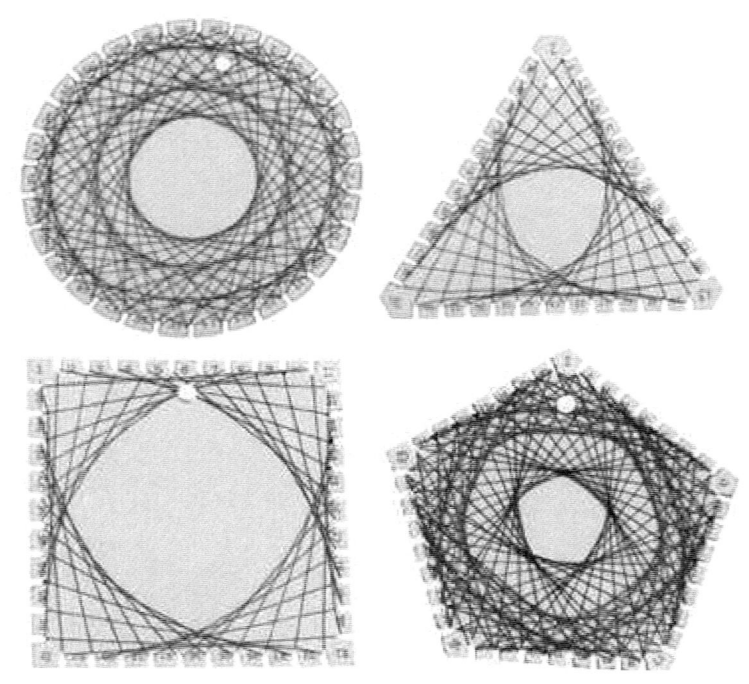

그림 63 스트링아트 기본 무늬

나) 준비재료

스트링아트를 하기 위해서는 먼저 도안이 있어야 한다. 스트링아트용 도안과 무두 못, 도마, 망치, 롱노우즈, 굵은 실, 이니셜 프린트 등도 필요하다.

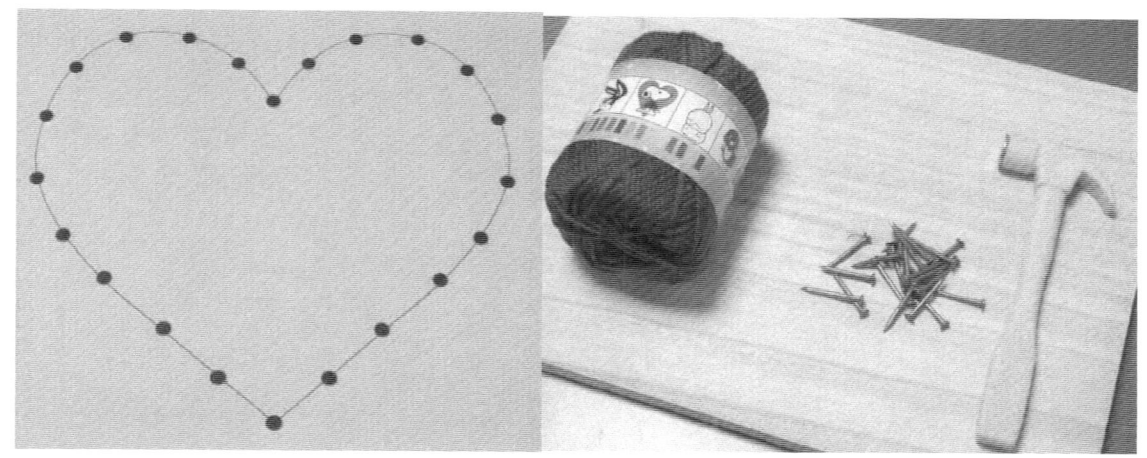

그림 64 스트링 아트 도안   그림 65 스트링 아트 재료

다) 하는 방법

먼저 준비한 도안을 나무판에 테이프로 고정시켜 준다. 그다음 동그라미에 맞추어 손이 다치지 않게 못질을 해준다. 못을 다 박은 후 종이를 깔끔하게 제거한 후 털실을 이용해 테두리 선을 잡아 준다. 이 때 못을 하나하나 지날 때마다 한바퀴씩 돌려가면서 하면 보다 더 견고해진다. 테두리를 둘러준 후에는 못 사이사이를 규칙없이 휘감아 주면 된다. 입체적으로 보이고 싶다면 일정 간격으로 휘감는 것보단 아무렇게나 휘감는 것이 더 좋다.

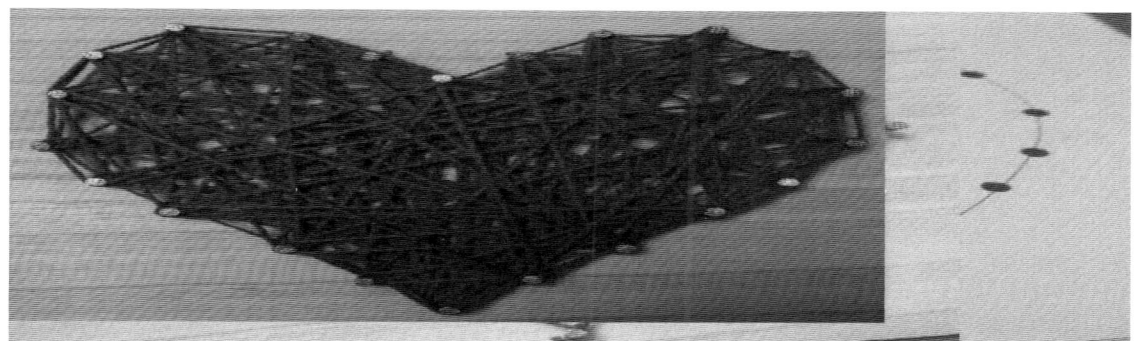

그림 66 스트링 아트 하는 순서

나. 활동형

1) 실내 서핑, 플로우보딩-도심 속에서 즐기는 바다여행

가) 플로우보드란?

플로우보딩은 실내 인공 파도 풀장에서 즐기는 서핑으로 스노우보드와 서핑을 결합한 수상레포츠다. 2021년에 열린 도쿄 올림픽부터 정식 종목으로 신설된 서핑은 최근 가장 대중적인 여름 레포츠 종목 중 하나로 자리 잡았다. 한 증권사의 보고서에 따르면 지난해 국내 서핑 인구는 약 100만 명으로 2019년(40만 명) 대비 2배 이상 증가했다. 국립해양조사원이 주요 해수욕장의 정보와 날씨를 알려주는 '서핑지수' 시스템 운영에 나설 정도로 인기다.

폴리네시아인이 하와이로 전한 것으로 알려진 서핑은 우리나라에서는 90년대 중반 제주와 부산에 서프클럽이 생기면서 시작됐다. 이후 동해안에도 죽도·인구해변 등 양양을 중심으로 서핑숍이 생기기 시작해 이제는 전국의 100여 개의 서핑클럽이 존재한다.

하지만 서핑은 날씨와 파도의 질,빈도 등 기상에 따라 탈 수 있는 여건이 결정되고 특정시간에 서퍼들이 몰리면서 자유로운 서핑에 방해를 받기도 해 실내 서핑시설의 필요성이 제기돼 왔다. 또한 취미로 서핑을 즐기기엔 바다까지 가야하기 때문에 시간이나 돈이 많이 든다. 그러나 실내 서핑은 바다까지 갈 필요가 없으며 1회성이 아니라 계절과 상관없이 주기적으로 서핑을 즐길 수 있기 때문에 액티비티한 취미활동으로는 제격이다.

현재 우리나라에서 플로우보딩을 즐길 수 있는 곳은 용인 기흥구에 있는 '플로우하우스[15] 용인' 외에 경기도 남양주, 오산, 수원, 광주등 여러곳에 있으며 부산. 전북 무주, 전남 광주 등 지방에도 계속해서 늘어나는 추세이다.

나) 플로우보딩 즐기는 방법

플로우보딩은 초등학교 3~4학년 정도부터면 누구나 부상없이 즐길 수 있다. 일반 워터파크나 야외시설과 달리 풀장 재질이 트램폴린과 같이 탄성 있는 재질로 만들어져 안전하게 즐길 수 있다.

---

15) 플로우하우스는 1990년대 미국에서 처음 문을 연 이후 전 세계 20개국 120여 곳에서 운영되고 있다.

플로우보딩을 타기 전에 우선 보드를 선택해야 하는데 보드는 둥글고 넓은 '바디보드'와 얇고 긴 '스탠드업 보드'가 있다. 바디보드는 엎드려 파도를 타기 때문에 작은 파도에서도 쉽고 재미있게 시작할 수 있어 주로 초보자들이 선택한다. 타는 방법은 보드위에 엎드려 팔꿈치를 90도 각도로 세우고 가슴을 편 채로 물 흐름을 따라 즐기면 된다.

스탠드업 보드는 보드 위에 일어선 뒤 마치 스노우보드처럼 타면 되는데 일어섰을 때 양 발에 균일하게 힘을 줘 균형을 유지하는 것이 관건이다. 딱딱한 눈 위에서 타는 스노우보드와 달리 물이기 때문에 보드를 더 쉽게 콘트롤 할 수 있다.

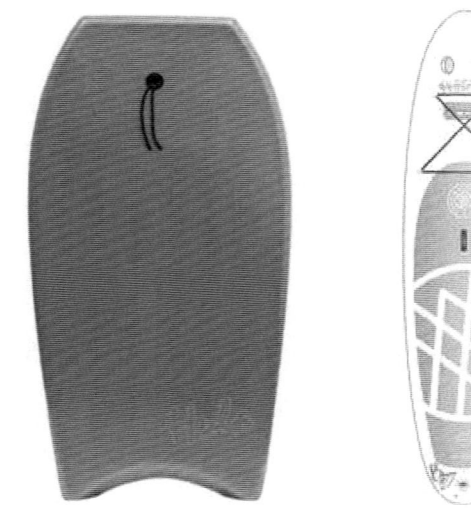
그림 67 바디보드

그림 68 스탠드업 보드

다) 실내서핑장 현황

2018년 12월에 롯데몰 용인점도 469.4㎡(142평) 규모의 인도어 서핑 샵을 오픈했다. 롯데몰 용인점에 들어서는 서핑 샵은 469.4㎡(142평) 규모로 고객들은 인공파도 위에서 1분 동안 쏟아지는 11만 3,000ℓ의 물을 시속 27km속도로 즐길 수 있다.

그림 69 플로우하우스 용인 실내 사진
16)

경기도 양양지역에도 해변에 실내 인공 서핑장이 들어설 계획이다. 강원도와 양양군은 오는 2028년까지 양양군 현북면 중광정리 일원에 인공 서핑장과 교육 시설을 갖춘 '양양 서핑교육센터'를 조성할 계획이라고 밝혔다. 양양 서핑교육센터는 2만9727㎡ 규모로, 개폐형 돔과 인공 파도 시설을 갖춰 사계절 서핑을 즐길 수 있도록 꾸밀 계획이다. 센터엔 초보 서퍼들을 교육하는 교육 시설과 서핑 관련 제품을 살 수 있는 쇼핑몰도 들어선다. 인공 파도는 경기 시흥시에 있는 인공 서핑장 웨이브파크와 같은 방식으로 작동하는 모델이 검토되고 있다. 웨이브파크 시흥은 인공서핑파크로서는 세계 최대인 166,613㎡ 규모이며 길이 220m, 폭 240m의 파도가 1시간에 1,000회가 친다. 사계절 내내 서핑 입문부터 상급 서핑까지 모두가 함께 즐길 수 있다.

---

16) 사진 : 플로우보드 하우스 제공

그림 70 웨이브파크 시흥
17)

거제시는 일운면 구조라리 671-3번지 일원 시유지(6094㎡)에 '파노라마형 서핑스테이션' 조성 사업을 추진한다고 밝혔다. 시는 도비·시비 등 사업비 113억 1600만 원을 들여 2025년 12월 말 완공을 목표로 사업에 나선다.

서핑스테이션은 계절과 날씨에 관계없이 실내에서 수상 레포츠인 파도타기를 즐길 수 있는 체험형 관광 시설이다. 시는 물이 흐르는 널따란 미끄럼틀 같은 공간에서 인공 파도를 타는 '플로보딩(flow boarding)'과 이보다 수량이 많고 높은 파도를 탈 수 있는 '리버서핑(river surfing)'을 도입한다. 플로보딩은 국내에 여러 곳 있지만, 리버서핑은 미국·독일·프랑스·일본·스위스·러시아 등 전 세계 10여 군데에만 있다. 국내 도입은 이번이 처음이라는 게 시 담당 부서 설명이다.

시는 내년에 건축 기획 업무 수행 용역과 관련 심의, 설계 공모 등 행정 절차 이행을 거쳐 2024년 1월 착공할 계획이다. 관광과 관계자는 "파노라마형 서핑스테이션은 실내 서핑장으로는 국내 최대 규모"라며 "기존 해양 레저 자원과 연계해 시너지 효과를 극대화할 방침"이라고 말했다.18)

---
17) <사진제공=양양군>
18) <거제에 국내 최대 규모 실내 서핑장 건립 추진>, 경남도민일보

2) 디제잉-내손으로 만드는 나만의 비트

가) 디제잉이란

최근 들어 한국에 새로운 페스티벌이 많이 열리면서 생긴 페스티벌 붐과 Mnet의 쇼미더머니 이후 EDM(Electronic Dance Music)서바이벌 프로그램을 기획되면서 디제잉에 대한 사람들의 관심이 높아지고 있다. 전자음악이 대중화되면서 보다 적극적으로 전자음악을 즐기는 층이 많아지는 것이다. 디제이는 디스크자키(Disk Jockey)의 줄임말로, jockey는 '기수, 몰이꾼'이라는 뜻이다.

과거 DJ의 역할은 폭넓은 음악지식을 바탕으로 음악을 선곡하는 것이었지만 현재는 음원을 선곡할 뿐만 아니라 믹싱과 스크래치 등의 기술을 통해 노래를 재조합하고 나아가 창조하는 것이다. 또한 여러 가지 음원들을 하나의 흐름으로 자연스럽게 만듦으로써 관중들의 즐거움을 계속 유지하는 역할을 한다. 콘서트에서 가수들이 무대를 이끌어나가는 것처럼 DJ들도 같다. 이를 위해 DJ들은 사운드 뿐만 아니라 영상과 퍼포먼스를 준비하는 경우도 있다.

그림 71 다양한 퍼포먼스를 하는 디제이들

디제잉은 클럽이나 페스티벌에서만 즐기는 문화라고 생각하는 사람이 많아 취미로 삼기에는 힘들다고 생각할 수 있지만 최근 디제잉을 배울 수 있는 학원이나 개인 교습

---

19) 출저: RUKES.COM

등이 많아지면서 취미로 홈 디제잉을 시작하는 사람이 많아지고 있다. '베드룸 디제이(Bedroom DJ)'는 홈 디제잉을 즐기는 사람을 가리키는 말로, 방구석 디제이라고도 한다. 방 한쪽에 디제잉을 해볼 수 있는 장비를 갖추고, 취미로 전자음악을 하는 사람이 빠르게 늘면서 이같은 신조어가 생겨났다. 백화점 문화센터에서 디제잉 강좌가 열리고, '주경야디'라는 신조어도 있다. 낮에는 일하고, 밤에는 디제잉을 한다는 뜻이다.

나) 필요도구

디제잉을 쉽게 접해 볼 수 있는 다양한 도구들도 취미 디제잉의 인기가 높아짐에 따라 빠른 속도로 발전하고 있다. 스마트폰이 있다면 애플리케이션을 깔아 간단한 디제잉을 접해 볼 수 있다. 이디제잉(edjing), 디재이(djay)등의 애플리케이션이 인기가 높은 편이다.

디제잉을 하기 위해서는 컨트롤러, 스피커, 컴퓨터, 헤드폰이 반드시 필요하다. 컨트롤러는 CDJ와 Mixer가 있다. CDJ는 입문자가 시작하기엔 비싸기 때문에 취미로 디제잉을 즐기고 싶다면 컨트롤러를 사용하는 것이 좋다. 노트북이 필요한 이유는 노트북과 컨트롤러를 연결해 노래를 추가하고 믹싱을 하기 때문이다. 스피커에서 노래가 나올 동안 헤드폰(이어폰도 괜찮지만 보통 헤드폰을 많이 쓴다.)으로 확인하며 준비하기 때문에 이 4가지 도구는 꼭 필요하다. 보통 스피커나 노트북은 집에 있기 때문에 사실상 컨트롤러와 헤드폰만 구매하면 바로 시작할 수 있다.
스마트폰이나 태블릿피시와 연결해 쓸 수 있는 전자음악 장비들도 있다. 디디제이-위고4(DDJ-WeGO4)는 아이폰이나 아이패드를 연결해 쓸 수 있는 컨트롤러다. 컨트롤러는 음원을 조절, 조정할 수 있는 장치를 일컫는다.

홈디제잉에 가장 많이 쓰이는 장비로 디디제이-400(DDJ-400)가 있다. 이 제품은 조금 큰 가방에 들어갈 정도로 컴퓨터를 연결하면 별도의 스피커가 없어도 되기 때문에 디제잉 입문자들이 가장 많이 찾는다.

디제잉 하면 일반적으로 떠올리는 턴테이블은 디제이가 생겨나는 때부터 나오게 된 가장 오래된 형태이다. 지금같이 디지털 저장매체가 나오기 이전에 LP(레코드판)에 기록된 음원을 읽어서 소리를 내는 축음기 발전 형태로 보면 된다. 일반적으로 축음기는 아래 이미지 처럼 생긴 형태가 원형에 가까운 형태라고 할 수 있다.

그림 72 턴테이블

그림 73 축음기

전문가용 장비를 갖추려면 어마어마한 비용이 들지만, 아마추어들은 중고 장비를 마련하거나 기본 사양만 갖춘 장비를 구매하는 방법으로 비용을 줄인다. 이런 경우 보통 4~50만 원 선에서 구입할 수 있다. 이것이 부담스러울 경우 실용음악학원에 등록해 전문가의 코칭을 받으며 그곳의 장비를 활용하는 방법도 있다.

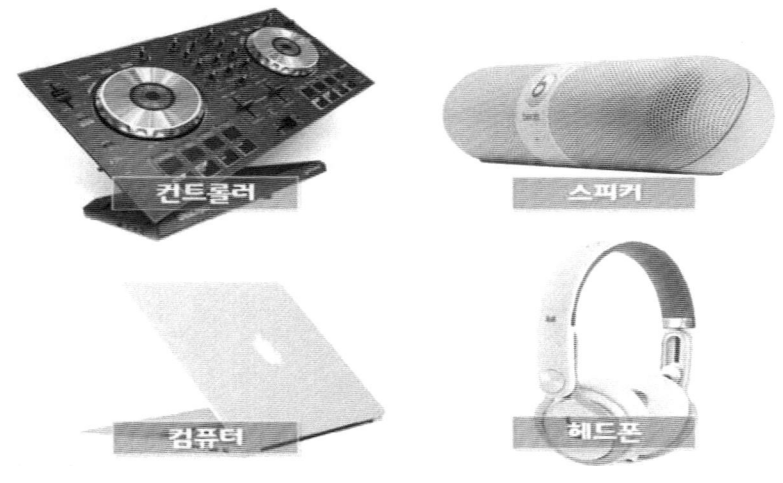

그림 74 디제잉 필수장비

입문용 컨트롤러는 허큘리스DJ의 INPULSE300mk2를 많이 추천하는데, 초보자용으로 가격이 다른 컨트롤러에 비해 저렴하며, 간단한 동작으로도 다양한 퍼포먼스를 보여줄 수 있어 입문자들이 많이 찾는다. 가격대는 10만원대로 저렴한 편이다. 헤드폰은 자신에게 맞는 가격의 헤드폰을 구입하면 된다.

다) 하는 방법

장비가 다 갖춰지면 본격적인 디제잉을 할 수 있는데, 우선 두 가지 이상의 곡을 자연스럽게 섞는 믹싱작업을 한다. 마음먹고 바짝 연습하면 한 달 정도면 어느 정도 믹싱이 가능하다고 한다. 그전에 물론 음악을 많이 들어야 한다. 음악을 많이 알지 못한다면 내 취향이나 분위기에 따른 음악을 선곡하기 어렵기 때문이다.

믹싱에는 선곡, 믹싱 포인트, 믹싱 스킬 이렇게 3가지 구성요소가 있다. 선곡은 디제이가 지금 나오는 곡에 이어 틀 다음 곡을 선택하는 작업이다. 믹싱 포인트는 다음에 나올 새로운 곡이 들어가는 지점, 즉 타이밍을 정하는 일이다. 예를 들어 앞서 나오는 곡이 4분짜리 음악이라면 다음 곡이 2분에 들어갈지 3분 30초에 들어갈 지를 정하는 것이다.

믹싱 방법은 디제이 믹서로 페이더, 이큐, 이펙터 등을 활용한 기술이 있다. 페이더는 라디오 디제이들이 현재 재상되는 음악을 서서히 페이드 아웃시키면서 다음 곡의 볼륨을 천천히 페이드인 할 때 사용되는 기술이다. 언더그라운드에서 발생한 클럽 디제이들은 동시 재생하는 방법도 있고 이펙트를 통해 화려하게 믹싱하는 방법도 있다. 스크래치를 하거나 샘플러를 사용하여 음악에 새로운 소리들을 섞어내기도 한다.

디제잉은 여느 음악예술 분야와 다르지 않다. 게다가 '음악을 틀어주는 행위'는 우리도 늘상 하고 있는 일로, 스마트폰에 나만의 플레이리스트를 저장하는 행위도 디제잉에 포함될 수 있다. 다만 디제이들이 전자 장비 등 대중에게 익숙지 않은 장비들을 다루다보니 어렵게 느껴질 뿐이다.

3) 주짓수

가) 주짓수란?

일본의 전통 무예인 유술을 바탕으로 만들어진 주짓수는 유술(柔術) 또는 주주츠(じゅうじゅつ)로도 불리며, 유럽을 중심으로 전파된 유러피언 주짓수와 브라질 전통 격투기인 발리 투두와 결합한 브라질리언 주짓수로 나뉜다. 브라질리언 주짓수는 상대방을 타격 없이 제압하고 컨트롤할 수 있는 격투기로 자신을 공격하는 상대를 제압할 뿐만 아니라, 상대방에게 치명적인 부상을 입히지 않으면서 자기방어가 가능하다.

손과 발로 상대방을 타격하기, 메치기, 유리한 포지션을 선점하여 팔다리 관절 꺾기, 목 조르기 등의 기술로 상대방을 제압하는 실전 격투의 성향이 강하다. 유도복과 유사한 경기복을 입고 경기를 하며 화이트, 블루, 퍼플, 브라운, 블랙 벨트 순으로 승급을 한다.[20]

실제 싸움 상황에서 주짓수 기술이 효과적인 것은 세계적으로 인정받고 있으며, 종합격투기를 준비하는 선수들이 필수적으로 주짓수 기술을 익힌다는 것은 이미 잘 알려진 사실이다. 그리고 종합격투기의 메이저리그 격인 UFC의 각 체급 챔피언들 또한 모두 주짓수를 수련하고 있다.

그림 75 주짓수

---

20) [네이버 지식백과] 주짓수 (시사상식사전, 박문각)

나) 주짓수 역사

주짓수는 100년 정도 된 역사가 짧은 무술이다. 100년도 안된 운동을 한국에서 배운다는 것은 그 위대함을 여실히 입증하는 것이다. 주짓수란 단어 뜻은 유술(柔術)로, 부드러울 유(柔)와 재주 술(術)을 합해서 만든 뜻이다. 일본과 브라질을 거쳐 주짓수란 단어로 바뀌게 되었다.

주짓수는 유도에서 시작되는데, 유도의 창시자인 가노지고로의 제자 마에다 미츠요가 전 세계를 돌며 자신의 무술을 증명하기 위해 실전 싸움을 했다. 스승인 가노지고로는 마에다 미츠요의 무술을 유도라고 칭하는 것을 허락하지 않았고 때문에 마에다의 무술을 유술이라 칭한 것이다.

그림 76 그레이시 가문   그림 77 가노지고로 마에다 미츠요

마에다 미츠요가 브라질로 건너갔을 때 그레이시 가문에게 도움을 받았는데 그 보답으로 그레이시의 자식들에게 유술을 전수해주었고 그들이 발전시킨 것이다. 특히 체격이 가장 작고 몸이 약했던 엘리오그레이시는 형들처럼 상대를 넘어뜨려서 제압할 수 없었기 때문에 자신이 넘어졌을 때도 싸울 수 있는 무술을 발전시키게 된다. 이러한 이유로 엘리오 그레이시를 주짓수의 아버지라 부르기도 하고 주짓수가 호신술로 각광받기도 했다.

시간이 흘러 그레이시 가문의 형제들은 미국에 진출하게 되고 체육관을 열어 제자를 양성한다. "누구든지 두들겨 맞고 싶은 사람은 체육관으로 오세요"란 파격적인 문구로 사람들을 끌게 되고 각종 무술의 장인들은 그레이시 체육관으로 가서 그레이시 형제들과 격투를 하게 된다. 그레이시 가문을 향한 이러한 도전을 그레이시 챌린지라 불렀는데, 더 나아가 그레이시 형제들은 거액의 상금을 걸고 전 세계 강자들 중 최강을 가리는 대회를 연다. 이것이 바로 종합격투기 최고 단체 UFC이다. 첫번째 UFC 대회에서 그레이시 가문의 호이스 그레이시가 도든 격투가들을 물리치고 우승을 차지하게 된다. 주짓수의 전성기는 이렇게 시작되어 일본 격투의 황금기 PRIDE 시대부터 지금까지 UFC 출전하기 위해 반드시 배워야 하는 필수 무술로 평가되고 있다.

다) 준비물

주짓수를 시작하기 위한 준비물은 도복과 띠가 기본이며, 개인에 따라 래쉬가드, 레깅스, 마우스 등을 준비하는 경우도 있다. 여성의 경우 면 티셔츠를 많이 입지만 그것보다는 스포츠 탑 위에 래쉬가드를 입는 것이 좋다. 그 이유는 헐렁한 티셔츠를 입으면 손가락이 옷에 걸려 부상의 위험이 있고, 목이 넓은 티셔츠를 입고 고개를 숙이면 안이 훤히 보일 수 있기 때문이다. 레깅스는 속바지용으로 입는 것이 좋다.

주짓수 도복은 유도복의 형태와 비슷하지만 많은 사람들이 얇은 도복을 선호한다. 기호에 따라 묵직한 것, 가벼운 것을 선택하면 된다. 가장 많이 사용되는 도복 상의 원단 무게는 350-450g/sqm이다. 하의의 경우 280-340 정도를 가장 많이 사용한다. 보통 도복을 한번 입으면 땀 때문에 세탁해야 하는데 얇을수록 건조속도가 빠르기 때문에 얇은 도복을 추천한다. 또한 초심자일수록 얇은 도복을 추천하는데 얇을수록 덜 거칠고 움직이기도 편하기 때문이다.

IBJJF(International Brazilian Jiu-Jitsu Federaticn 국제 브라질리언 주짓수 연맹)에서 규정하기로는 팔은 팔목에서 5cm, 바지는 발목(복숭아뼈)에서 5cm 안으로 들어와야 하며, 팔통은 팔을 제외하고 잡히는 옷 부분이 7cm가 넘어야 한다.

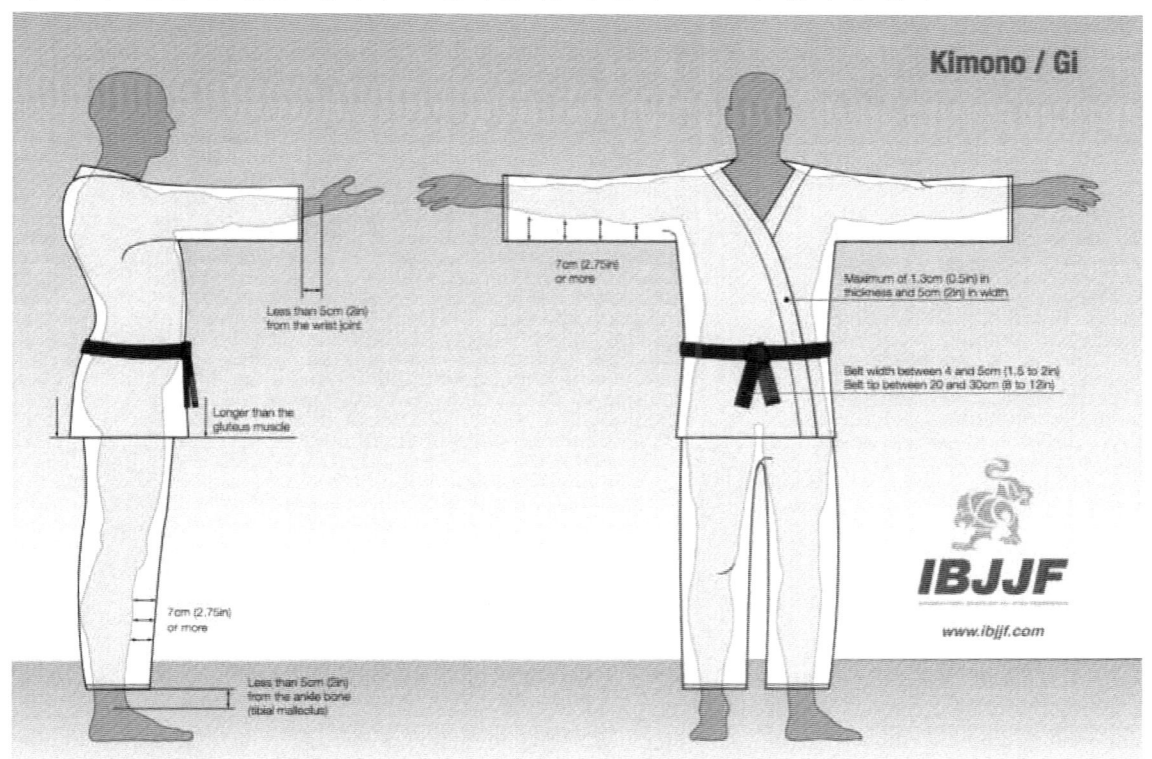

그림 78 ibjjf 룰에 의한 도복 사이즈

라) 주짓수 기술

주짓수는 호신술로도 활용할 수 있는데 시도 때도 없이 일어나는 강력범죄에 스스로를 지키는데 적합한 운동으로 알려지면서 주짓수 체육관을 찾는 이들이 늘고 있다. 주짓수에서 중요한 것은 기술이다. 체격과 힘이 약하더라도 상대방의 힘을 역이용한 기술로 제압할 수 있다.

MMA를 본 사람들은 암바나 초크같은 서브미션기들을 생각하지만, 서브미션은 주짓수 기술과 체계중 일부일 뿐이다. 주짓수 기술은 어마어마하게 많아서 브라질 현지에서도 기술별로 하나하나 특별한 이름을 붙이지 않는다. 레슬링보다는 덜하지만 기술이름 체계에 유도같은 일관성이 없어 의사소통에 문제가 되기도 한다.

크게 잡기 싸움, 서브미션 및 하위 포지션 탈출, 스윕, 가드 열기/브레이크, 가드 패스, 메치기/테이크다운, 방어/가드회복/가드패스 저지법 등으로 분류할 수 있으며 그 틀 안에서 소소하게 도복 잡는 법, 고개 드는 법, 상대방 미는 법, 심지어는 상대방을 어떤 각도에서 쳐다보느냐에 따라 변종을 구분한다. 예를 들어 서브미션기를 걸 때 어느 방향을 향해 몸을 비트느냐에 따라 기술이 위력이 달라지는 경우도 종종 있어 어느 방향을 보느냐도 기술이라는 말이 있다.

많이 알려진 기술을 소개하자면 다음과 같다.

1.암바
2.길로틴 초크
3.기무라 초크
4.트라이앵들 초크
5.리어네이키드 초크
6.힐훅
7.니바
8.트위스터

4) 프리다이빙

　　가) 프리다이빙이란?

스쿠버 다이빙과 다르게 공기 공급 장비를 사용하지 않고 잠수하는 스포츠이다. 기본적으로 공기통을 사용하지 않으며, 극단적으로는 물안경과 전신 잠수복까지 배제한다. 공기통을 이용하지 않는다고 해서 지식 잠수, 무호흡 잠수(Apnea Diving), 맨몸으로 잠수한다고 해서 맨몸 잠수(Skin Diving)라 부르기도 한다. 숨을 참고 바닷속을 잠수하는게 쉽지 않을 것 같지만, 호흡법을 배우고 안전 수칙만 잘 지키면 남녀노소 누구나 쉽게 즐길 수 있다.

왜 공기통 없이 맨몸으로 잠수를 하는지가 의문인 사람들도 있을텐데, 여러 장점이 있기 때문이다. 장비가 간소하기 때문에 잠수 전 준비에 시간과 에너지가 덜 들어간다. 몸이 가볍기 때문에 물 속에서의 움직임이 자유롭다. 수중에서 호흡을 하지 않으므로 잠수병 발생의 위험도가 스쿠버 다이빙보다는 낮다. 버블 소리가 나지 않기 때문에 물 속에서 고요함을 느낄 수 있다. 다이버를 영상이나 사진에 담는 경우 장비가 간소하므로 더 자연스럽고 예쁜 장면이 나온다. 시간 당 칼로리 소모량이 상당히 높아서 체중 조절에 효과적이다.

프리다이빙 국제 심판을 겸하고 있는 서혜인 프리다이빙 강사는 "3년 전부터 2030세대를 중심으로 프리다이빙이 인기를 끌기 시작했다"며 "SNS의 힘이 한몫한 거 같다"고 말한다. 무엇보다 인어공주처럼 바닷속을 유영하는 사진과 영상이 소셜 미디어(SNS)에서 유행처럼 퍼지며 프리다이빙에 대한 호기심을 높였다는 것. 그는 사진처럼 아름다움뿐만 아니라 자기 내면을 다스릴 수 있다는 점에서도 프리다이빙이 매력적이라고 말한다. 프리다이빙 강습 업계도 2030의 인기를 실감하고 있다. 회원의 90%가량이 20·30대인 G 강습 업체 관계자는 "수상레저 인구가 늘어나며 프리다이빙 인기도 높아졌다"며 "SNS에서 프리다이빙 관련 게시물이 확산되면서 유행이 시작됐다"고 말했다. D 강습 업체 관계자는 "코로나19가 한창 유행일 때 해외에서 수상레저를 못하다 보니 상대적으로 저렴한 비용에 실내에서도 즐길 수 있는 활동이라 유행이 됐다"고 전했다. 팬데믹 이후 유행하기 시작하며 프리다이빙 전문 국제단체 AIDA에 등록된 한국인 선수가 2016년 36명에서 2023년 1월 기준 524명으로 열다섯 배 가까이 늘었다.

서울 마포구에 사는 정모(28)씨는 "새로운 취미를 찾는 친구들 사이에서 프리다이빙이 화두"라고 귀띔했다. 2년 넘게 프리다이빙을 하고 있다는 한 직장인은 "골프나 테

니스가 다른 사람과 겨루는 스포츠라면 다이빙은 스스로 한계에 도전하는 스포츠라 편한 마음으로 임할 수 있다"고 말했다. 이어 "내 호흡 외에는 잡념이 사라지는 점이 큰 매력이라고 생각한다"고 덧붙였다.

프리다이빙 인기에 따라 관련 시장도 커지고 있다. 온라인 쇼핑몰 11번가에 따르면 지난해 4분기 오리발 용품 매출은 2021년 4분기와 비교해 86.8% 뛰었다. 해외 브랜드를 구매할 수 있는 11번가 아마존글로벌스토어에서도 지난해 4분기 다이빙 관련 카테고리 매출이 2021년 4분기와 비교해 63.8% 성장했다. 한편 지난해 경기 용인시에 아시아 최고 수심인 수심 36m 다이빙풀을 보유한 다이빙장이 새로 만들어지기도 했다.

나) 프리다이빙의 종류

프리다이빙은 수중에서 무호흡으로 하는 모든 활동을 총칭하는데, 크게는 일반 잠영, 스노클링 등 레저 목적의 펀다이빙이 포함되기도 한다. 하지만 대부분의 사람들이 프리다이빙이 스포츠의 한 종목이며, 정식 대회가 있다는 사실은 알지 못한다. 프리다이빙을 제대로 즐기기 위해 알아두면 좋을 프리다이빙 대표 종목을 정리해봤다.

첫 번째는 CWT(콘스탄트 웨이트)라고 불리는 종목이다. 핀을 착용한 상태에서 한 번의 호흡으로 누가 더 깊은 수심까지 내려가는지를 가리는 종목인데, 고정 무게와 핀 외에는 어떤 보조수단도 없이 진행하는 수심기록경기다. 이와 비슷한 종목으로 핀을 착용하지 않은 채 수심기록을 진행하는 CNF(콘스탄트 노핀)도 있다. 두 번째는 FIM(프리이멀전)이라는 종목이다. 이 종목은 수상에 떠있는 부이(부표)와 연결된 로프를 잡고 수심을 오르내리는 방식이다.

세 번째 종목은 STA(스태틱)인데, 이 종목은 '숨 오래참기'로 정리된다. 수면에 코와 입을 담그고 무호흡 시간을 측정하는 경기기록 방식이다. 네 번째는 DYN(다이나믹)이다. 이 종목은 일반적으로 알고 있는 잠영과 비슷한 형태로 진행되는데, 무호흡 상태로 이동하는 거리를 측정하는 방식이다. 핀의 착용 여부에 따라 DYN과 DNF(다이나믹 노핀)으로 나뉜다.[21]

다) 프리다이빙을 즐기기 위해 준비할 것들

수면에서 호흡 후 몇 분간 물속에 머물러야 하기 때문에 숨 참기 능력이 중요하다. 보통 사람은 첫 도전 시 1분 정도 숨 참기가 가능하며, 누구나 꾸준히 연습하면 3분 정도 참을 수 있게 된다. 참고로 물속에서 움직이면서 숨을 참는 시간은 평소 기록의

---
21) [뭐하꼬] 프리다이빙. 경남신문

약 1/2 정도이다. 예를 들면 4분 숨 참기가 가능하다면 공기통 없이도 2분 동안은 프리 다이버가 될 수 있다. 그러나 안전한 다이빙을 하기 위해선 반드시 안전 교육과 충분한 훈련을 받아야 하며, 연습을 통해 사전에 정한 목표 수심을 지키는 것이 중요하다. 다이빙 시 적정 체중을 유지해야 하고 감기에 걸리거나 귀에 이상이 있으면 압력 평형이 불가하므로 건강 상태가 정상이 되기 전까지는 금해야 하며, 반드시 훈련을 받은 동료와 동행해야 하며 단독 다이빙은 절대 금해야 한다.

모든 스포츠가 그렇듯 프리다이빙 역시 사전 준비운동이 필수다. 물 속에서 즐기는 운동이니만큼 경직되지 않도록 온 몸의 근육을 충분히 이완시켜줘야 한다.

특히 중요한 것은 폐 스트레칭이다. 수중의 압력으로 인해 폐가 수축되는 것을 방지하기 위해서다. 폐 스트레칭의 방법은 간단하다. 먼저 공기를 가득 들이마신 후 숨을 참으며 몸의 움직임을 통해 임의적으로 폐를 늘리거나 수축시킨다. 이후 폐의 공기를 최대한 내뱉은 다음 횡격막과 늑골(갈비뼈) 사이를 마사지하면서 폐와 늑간근의 유연성을 증대시키면 된다. 각 동작은 15~20초가량 진행하며, 동작 사이에 3분가량 휴식 시간을 두는 것이 좋다.

주기적인 '이퀄라이징' 역시 프리다이빙의 필수 요소다. 아무런 준비도 없이 갑자기 물속에 들어가면 수압으로 인해 귀나 눈에 통증을 느끼기 쉽다. 물에서는 수심 10m마다 1기압씩 압력이 높아지게 되는데, 우리 몸이 여기에 적응을 하지 못했기 때문이다. 이때 콧구멍과 입을 막고서 숨을 거세게 내쉬면 '펑'하고 귀가 뚫리게 되는데 이 같은 동작을 이퀄라이징이라고 부른다. 만약 깊은 수심을 드나들면서 이퀄라이징을 주기적으로 하지 않을 경우 예상치 못한 통증에 시달릴 수 있기 때문에 유의해야 한다.[22]

프리다이빙 교육은 3일 정도면 기초 과정을 마칠 수 있다. 패디(PADI), 에스에스아이(SSI) 등 잠수 관련 협회의 과정을 따르는 교육을 받으면 된다.

협회마다 교육 일정과 기간, 승급 기준 등이 다르지만, 잠수 이론을 배우고 수영장에서 기초 교육을 받은 뒤 바다에서 실습을 하는 과정은 같다. 국내에서 배울 경우엔 급수별로 30만~90만원 정도의 경비가 든다. 기초 교육 수료 후에도 매주 3~4회 추가 트레이닝을 따로 하면서 연습하는 것이 좋으며, 숙달된 후에는 강사 자격증 취득에 도전할 수도 있다. 국내에서는 프리다이빙 자격증을 따기 위해 깊이 5m 풀을 갖춘 올림픽수영장이나 경기도 가평에 있는 K26 잠수풀을 많이 간다. 강원도나 제주도에서도 가능하지만 시야가 탁할 때가 많고 수온이 높은 6~10월에만 할 수 있다는 게 한계다.

---
22) [뭐하꼬] 프리다이빙, 경남신문

전문적인 프리다이빙 종목을 배우고 싶은 게 아니라면 당일 체험을 추천한다. 베테랑 강사와 함께 간단한 이론 교육을 거친 후 곧바로 프리다이빙을 즐길 수 있다. 1회 비용은 7만원으로, 다이빙 슈트부터 핀까지 모든 장비가 제공된다.

프리다이빙에 필요한 장비는 다이빙 슈트, 핀, 웨이트 벨트, 마스크, 스노클 등이 있다. 모두 보편화된 장비들이기 때문에 구매에 어려움은 없다. 장비를 모두 구비하는 데 드는 비용은 제품에 따라 50~200만원 선까지 천차만별이다. 부담스럽다면 중고를 구매하거나 교육기관에서 대여해 사용하는 것도 무난하다.

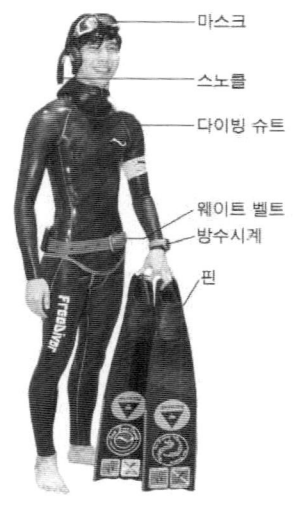

그림 79 프리다이빙에 필요한 장비

그림 80 프리다이빙을 하고 있는 동호인들

라) 프리다이빙 관련 콘텐츠[23]

프리 다이빙 콘텐츠 전문 채널 '알레한드로와 마리나'는 구독자 5만 명을 보유하고 있다. 이 채널은 다이버 커플 유튜버 알레한드로와 마리나가 2017년부터 운영해왔다. 프리 다이빙의 매력을 알리고 다이빙 기술과 노하우를 전하는 다양한 콘텐츠를 제공한다. 주요 콘텐츠로는 전 세계 바닷 속을 탐험하는 두 사람의 여정이 담긴 '프리 다이빙 여행 브이로그', 기초부터 심화까지 프리 다이빙 훈련법을 알려주는 '프리 다이빙 팁', 수중 촬영 노하우와 장비 리뷰를 전하는 '영상 촬영과 편집 팁' 등이 있다. 채널 내 인기 영상인 '프리 다이빙, 스노클링 하실 때 이것과 만나면 죽을 수 있어요', '왜 프리 다이빙 자격증의 끝은 40미터일까?' 등은 50만 회 이상의 조회수를 올리며 화제를 모으고 있다.

채널 '잠수다TV'는 동굴 다이빙, 광산 다이빙 등 이색 스쿠버 다이빙 콘텐츠로 구독자 3만 명을 확보하고 있다. 해군특수전전단(UDT) 출신으로 알려진 채널 운영자 잠수다는 바다뿐만 아니라 계곡, 저수지, 바위 아래 동굴, 물이 들어찬 폐광 등 다이빙이 가능한 곳이라면 어디든 찾아가 심해 다이빙을 선보인다. 채널의 대표 콘텐츠는 '수심 30m 계곡 다이빙' 시리즈다. 관련 영상 '수심 30m 계곡을 발견하였습니다', '수심 30m 계곡에서 용을 발견했어요' 등이 모두 100만 회를 넘는 조회수를 기록 중이다.

배우이자 스쿠버 다이빙 강사로 활동 중인 최송현의 유튜브 채널 '송현씨 필름(SONGHYUNC FILM)'도 2만 명에 가까운 구독자를 거느린 주목받는 채널이다. 최송현이 직접 촬영한 수중 영상을 비롯해 다이빙 투어, 다이빙 강좌, 다이빙 장비 리뷰, 해양 생물 스케치, 수중 자율감각 쾌락반응(ASMR) 등 다채로운 콘텐츠를 즐길 수 있다. 이중 다이빙 입문자를 위한 기초 훈련법 강좌 콘텐츠가 큰 인기를 얻고 있다. 인기 영상 '숨은 다들 3분 30초는 참는 거 아니에요? 프리다이빙 훈련 방법', '초보 다이버가 수영장에서 해야 할 필수 훈련' 등은 구독자 수를 뛰어넘는 높은 조회수를 올리고 있다.

---

[23] <인플루언서 프리즘] "숨참고 프리 다이브"…유튜브 다이빙 콘텐츠 뜬다>, 더 팩트

다. 수집형

1) 우표수집

가) 우표 수집이란 ?

우표 수집은 세계적으로 오래된 취미생활로 옛날에는 흔한 취미 중에 하나였다. 그러나 휴대폰으로 메시지를 보낼 수 있게 되면서 더 이상 손편지가 필요 없어졌고 우표 수집을 취미로 삼은 인구는 과거보다 많이 줄었다. 우정사업본부 등의 자료를 보면 2001년 15만여 명이던 우리나라 우표 수집 인구는 2016년 9만 명 정도로 줄었다고 한다.

그러나 세계적으로는 여전히 인기 있고 보편적인 취미 중 하나이다. 현재 세계적으로 최소 4800만 명에서 2억 정도가 우표 수집을 하고 있는 것으로 추산되며, 세부적으로 미국에 약 1800만 명에서 2천만 명, 전통적인 우취[24] 국가 독일에 750만 명 정도의 우표수집 인구가 있는 것으로 추산되고 있다. 우표 전문 딜러, 용품 제조사, 관련서적 출판사만 해도 12만 5천 개소 정도로 추산되고 있으며, 여기에 수많은 대규모 펜팔클럽과 우취 연합이 형성되어 있고, 우표박람회, 작품전시회 등이 개최되고 있다.

옛날에는 우리나라도 중요한 기념우표가 발행되는 날에는 우체국을 직접 찾아가지 않으면 물건을 구할 수 없을 정도였다. 우정사업본부가 논란 속에서도 박정희 전 대통령 탄생 100년 기념 우표 발행을 강행하며 우표에 대한 관심이 다시 높아졌고 최근 문재인 대통령 우표 발행 등을 계기로 우표수집이 다시 관심을 끌면서 네이버 카페, 밴드 등에서는 우표 수집을 서로 교류하는 '수집가'들이 활발하게 활동하고 있다.

대표적 카페는 '우표를 사랑하는 사람들(우사사)' '우표수집가 동호회(우수동)'다. 각각 회원은 1만 명 이상이다. 이전에는 수집가들이 고립된 채 혼자 각지를 돌아다니며 우표를 모았다면 이제는 서로 정보를 주고받거나 때로는 귀중한 우표를 나누면서 전국적으로 조직화하는 양상을 보인다.

---

24) 우표수집과 우취(영어: Philately)를 혼동해 사용하는 경향이 있지만 이 둘은 상반된 차이를 지닌다. 우표수집은 단순히 우표를 수집하는 행위이지만, 우취는 우표수집에 일종의 심층적 연구가 포함된 행위이며, 이 둘은 구분해서 사용해야 한다.

나) 우표 수집의 기초 방법

(1) 사용제 우표수집

우표수집에서 가장 기본적으로 목표되어야 할 것은 사용제 우표이며 소인된 우표를 말한다. 그러나 현재 우표 사용의 급감으로 인해 사용제 우표를 수집하기 힘들기 때문에, 우표수집에 입문하고자 하는 초보 수집가들은 우체국에서 판매하는 미사용 우표부터 수집하는 것이 수월하다. 사용제 우표는 본인이 할 수 있는 만큼 얼마든지 구할 수 있기 때문에 취미로서 매우 좋다. 단지 미사용 우표에 비해 가격이 떨어진다고 해 소홀히 대하는 경우가 있는데 이는 우표수집 본래 취지에 어긋난다.

주문소인우표 (C.T.O;canceled to order) 라는 것도 있는데 사용하지도 않은 우표에 도장 즉 일부 인이 찍혀있는 우표를 말한다. 주문소인을 하는 이유는 도장을 찍지 않은 채 외국에 덤핑처분하면 국내에 다시 돌아와서 사용할 우려가 있기 때문에 그것을 방지하고자 하는 것도 있고 오래된 재고 우표들을 폐기처분하기 위해 소인을 찍기도 한다. 주문소인을 하면 외국 우표상에서는 헐값에 구입할 수 있고 그것을 상대적으로 높은 마진을 붙여 팔수 있어 초보들을 상대로 판매를 한다.

(2) 우체국을 통한 우표수집

우체국을 통하면 우표가 발행될 때마다 미사용의 깨끗한 우표를 액면가격으로 구입가능하다. 우리나라의 경우, 우표발행일은 우정사업본부에서 우표발행일 전에 맞추어 나오는 우표발행 고시공고를 참조해야하며, 이것은 일반 포털사이트에서도 찾아보면 바로 검색된다.

우정사업본부에서 실시하는 취미우표 통신판매를 이용하는 방법도 있다. 다만 초심자들의 경우에는 우체국 방문 시 자신이 구입하고자 했던 우표 말고도 다양한 우표를 관찰하고 구입할 수 있으니 되도록 우체국을 이용하는 편이 좋다. 또한 요즘 발행우표는 액면가격이 고액인 경우가 종종 있어 구입할 때 처음부터 많은 양을 구하기보다 본인 경제 사정에 맞춰 알맞게 구입해야 한다.

(3) 우표상을 통한 우표수집

우표수집을 하다보면 개인이 수집할 수 있는 한계에 도달할 수 있다. 이를 극복하기 위해서 우표상을 이용하는 방법도 있는데 우표상을 이용하면 과거 우표뿐만 아니라 필요한 우표를 가장 손쉽게 구입할 수 있기 때문에 우표상 한군데쯤 알아두면 편리하다.

(4) 우표 보관 방법

이렇게 우표를 수집하다 보면 우편물이 실제로 체송된 결과물인 실체도 입수하게 된다. 이때 주의해야 할 점은 대부분의 실체에서 우표를 떼내지 말고 그대로 보존해두는 것이 좋다. 다만 더러워지거나 크게 훼손된 경우에는 우표만을 떼어 보관하는 것이며, 수집 과정에서 지식이나 정보가 축적되면 어느 실체가 보존할 만한 가치가 있는지 충분히 파악할 수 있다. 아래 우표 보관 팁 몇 가지를 소개한다.

1. 햇볕이나 직사광선을 피하는 것이 좋다. 실내조경이라도 장시간 노출은 금물이다. 장시간 햇빛에 노출되면 본래색깔이 변해 누렇게 되고 우표상태도 일그러지게 된다.

2. 습기 찬 곳에 보관하지 않아야 한다. 지하실이나 창고는 대부분 습한 곳이니 이런 곳은 피해야 한다. 우표는 불 못지않게 물에도 대단히 취약한데 그 이유는 우표 뒷면에 풀이 묻어 있기 때문에 습한 곳에 있으면 뒷면이 달라붙는 경우가 아주 많다. 이를 방지하기 위해서는 항상 건조한 상태를 유지해야 한다. 그렇지만 집안에서 보관한다면 너무 걱정할 필요는 없다.

3. 우표보관 앨범 위에 너무 무거운 물건을 올리지 않는다. 80년대 우표 중에는 우표 뒷면에 묻어있는 풀이 강력해 장시간 압력으로도 달라붙는 경우가 종종 있다. 이를 방지하기 위해서는 우표 책은 뉘이지 말고 세운 상태로 책꽂이에 보관하기 바란다.

4. 우표를 만질 때는 항상 손을 깨끗이 한 상태에서 우표를 다룬다. 손에 땀이 있거나 끈적한 상태로 우표를 만진다면 빨리 낡을 수 있다. 우표는 가급적 핀셋을 이용하는 것이 좋다.

5. 우표는 마운트를 씌워 보관하는 것이 현명하다. 마운트란 우표를 싸는 비닐을 말한다. 우표의 크기별로 마운트가 있기 때문에 편리하게 마운트에 우표를 끼워 넣기만 하면 된다. 우표를 그냥 앨범에 넣는 것보다 마운트를 씌워 보관하면 먼지 등 이물질이 묻지 않아 좋다.

(5) 기타사항

일단 우표를 수집하게 되면 전지나 소형시트, 명판, 블록 등의 용어에 혼란스러울 수 있다. 이런 용어를 바탕으로 자신이 수집하고자 하는 우표의 종류나 장수를 선택하게 되는데, 한 우표에 대한 장수나 전지에서의 부분에 대한 선호도는 상대적이므로 자신이 수집하기 좋은 부분이나 장수를 스스로 선택해 수집하면 된다.

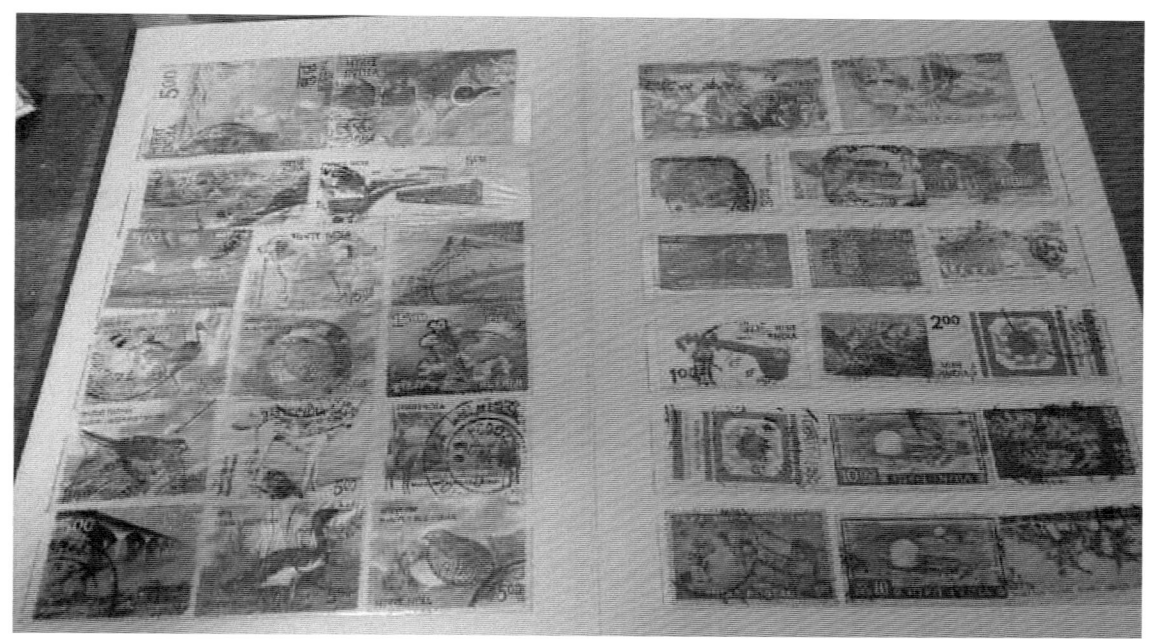
그림 81 우표 수톡북

일단 어느정도 수집품이 이루어지면 우표용구를 구입해서 사용한다. 가장 기초적인 우표용품은 스톡북(우표책, 영어: Stock Book)으로 도입앨범에 첨부하기 전 임시로 보관하는 장비이다. 스톡북은 과거 셀로판지나 다음에는 유산지로 제작되었지만 최근에는 고급비닐로 제작되어 내구성이 높다. 저렴한 스톡북은 문구점에서 구입 가능하며, 대한민국의 수도문화사나 독일의 라이트하우스(영어: Lighthouse, 독일어: Leuchtturm)사제의 고급 스톡북은 우표상에서 구입해야 한다.

스톡북의 종류는 일반 책형의 일반 스톡북에서 바인더식의 스톡북 등으로 다양하며, 스톡북의 다양한 수요로 인해 종류가 많아졌는데 초일봉피 우표책이라든가 엽서 우표책, 봉투 우표책, 시트 우표책 등이 있지만 초보 수집가의 경우는 단순한 우표용 스톡북만을 구입해서 사용할 수도 있다.

만약 체계적인 수집을 하고 싶다면 우표상에서 도입앨범, 즉 추록에 정리하는 방법이 있다. 추록이란 연도별로 발행된 우표를 그 우표의 그림이 인쇄된 대지 위에 마운트를 입혀 붙여 보관하는 것으로, 한국 우표로는 국내 두 종이 있다. 우리나라에서 발행된 최초우표에서 현재 발행되는 최근우표에 이르기까지 모든 종류의 우표가 사진으로 인쇄되어 있어, 그 인쇄된 그림에 맞춰 실물우표를 붙이게 되어 있다.

우리나라 외 타사 제품으로 몇 종이 더 있으나 우리나라의 제품으로 수집하는 것이 더 저렴하다. 추록에는 그해 발행된 모든 우표와 소형시트를 첨부하게 되어있으며, 이

추록 대지를 앨범 형식의 공바이더에 꽂아 보관하는 것이다.

우표도입앨범을 이용하면 국내에서 발행된 모든 우표를 연도별로 체계적으로 수집할 수 있는 장점은 있으나 비용이 많이 들고 본인의 독창성이 결여된 우표수집 방법이다.

방안대지만로 이루어진 앨범 우취앨범도 있는데, 본인이 어떤 주제를 정하고 그 주제대로 우표정리를 하는 이른바 작품앨범이다. 자신이 직접우표를 주제별로 분류한 후 배열하여 붙이고 그 우표들에 대해 설명을 쓴다. 경우에 따라서는 조잡하게 보일 수도 있겠지만 디자이너가 옷을 개성에 따라 디자인하듯 자기 방식대로 독특하게 만들어간다는데 큰 의미가 있다.

우취앨범을 이용할 때는 우선 연도별로 할 것인지 아니면 인물이나 자동차, 배, 동물, 식물 등 어떤 주제를 정하고 거기에서 다시 독창적인 아이디어를 이용하여 짜임새 있게 꾸민다면 멋진 작품도 기대할 수 있다. 이러한 작품을 만들기 위해서는 우선 소장하고 있는 우표가 풍부해야하며 우표에 대한 지식도 해박해야 한다.

어느 정도 수집에 흥미를 가지면 각 지역에 산재한 우표/우취 동호회에 가입하는 것이 좋다. 혹은 포털사이트나 인터넷 카페에 가입해 활동할 수도 있으며 이런 사이트에서 본격적인 우표관련 용어들과 심층적인 수집 방법들을 익히는 것이 좋다. 사이트나 카페에서 저렴한 가격으로 우표를 구매하거나 공동구매를 할 수 있기 때문에 국외에서 발행한 최신우표를 받아볼 수도 있다.

그림 82 우표수집 관련 정보를 얻을 수 있는 사이트 우표사랑
(http://www.stamplove.co.kr)

다) 우표수집이 재테크가 될 수 있을까?[25]

작은 종이 조각일 뿐이지만 수억 원을 호가하는 경우도 많아 우표 수집은 재테크도 될 수 있다. 세계적으로 볼 때 우표 가치는 여전히 상승 중이기 때문이다. 영국의 부동산 컨설팅 업체 나이트프랭크가 2012년부터 2017년까지 5년 동안 우표가치는 21% 상승했다. 반면 우리나라는 오래된 우표라고 해도 몇 개 정도를 제외하면 가치가 높은 수준은 아니다. 수집가(우취인구)는 줄어들고 있는데다, 디지털 시대로 접어들며 우표 가치가 많이 떨어졌기 때문이다.

우표는 오래되고 희귀하며, 무언가 잘못된 물건일수록 가격이 높다. 전세계 단 한 장만 있다면 가치는 무한히 올라간다. 특히 인쇄가 잘못됐다거나 하면 그야말로 가격은 고공행진이다.

현존하는 최고 우표는 영국의 '페니블랙'인데 영국에서 1840년 5월 1일에 발행했다. 당시 빅토리아 여황의 초상을 담았고 검은색에 액면가가 1페니라서 페니블랙이라 불린다. 가장 오래됐지만 발행량이 많고 남아있는 것도 많아 개별 우표가 수천 달러 선에서 거래된다. 낱장 우표보다는 6장이 모인 한 블록의 가치가 높다.

컬렉터들 사이에서 유명한 잘못된 우표는 '인버티드 제니'이다. 그냥 제니라고도 불리는데 미국에서 1918년에 발행된 액면가 24센트짜리 항공배달 전용 우표이다. 이 우표가 비싼 이유는 전면 비행기 그림(커터스 JN-4 복엽비행기)의 상하가 뒤집혀 잘못 인쇄됐기 때문이다. 미국 우정국은 잘못 인쇄된 우표를 전량 폐기 처분했는데 이 와중에 일부가 시장에 흘러들어갔다. 이 우표의 액면가는 24센트지만 가격은 수십만 달러로 현재 온전히 남아 있는 우표는 6장 정도라고 한다.

1855년 스웨덴에서 발행된 '트레스킬링 옐로'도 초고가의 우표이다. 같이 나온 다른 우표는 청색인데 이 우표만 유일하게 노란색이다보니 높은 가격이 매겨진다. 한 학생이 오래된 다락방에서 발견했는데 현재 가치는 적어도 230만달러는 넘었을 것이라 추정된다. 워낙 귀하고 높은 가격에 거래되기 때문에 비공개 경매로만 팔리고 있다.

'영국령 기아나 1센트 마젠타'도 세상에서 단 한 장뿐인 우표로 유명하다. 영국령 기아나에서 만든 이 우표는 팔각형의 모양으로도 유명한데 이 표를 발견한 소년이 우표를 뜯다가 귀퉁이가 찢어지자 다른 귀퉁이도 모두 오려내서 팔각형이 됐다고 한다. 이 우표는 2014년에 소더비 경매에서 950만 달러에 낙찰됐다. 당시 환율 기준으로 약 97억 3000만 원 정도이다.

1851년 하와이에서 발행한 '하와이의 선교사'도 비싼 우표 중 하나이다. 당시 독립국

---

25) <기묘한 재테크, 한국 우표 시리즈 참조

가였던 하와이 왕국에서 처음으로 4종류의 우표를 발행한 것인데 선교사들이 주고 받은 서신에서 주로 발견돼 하와이의 선교사라는 이름이 붙었다.

그림 83 세계 최초 우표

우리나라의 경우도 살펴보면 1848년, 이승만 초대 대통령의 취임기념으로 5만 부(액면가 5원)가 발행된 우표의 현재 가치는 280만원이다. 전 대통령의 경우 가치는 조금 떨어지는데 특히 1980년대 대통령 관련 우표는 특히 가치가 낮다. 이는 당시 우표를 700만~1100만장 씩 대량으로 찍어내 팔았기 때문이다. 박 전 대통령만 해도 대통령 취임 기념 우표가 5회 발행됐고, 해외 대통령 국내 방한 기념우표가 11회, 해외 순방 기념우표, 새마을운동 특별우표, 추모 특별우표가 각 1회씩 나왔다. 이처럼 대량으로 발매된 우표들은 한동안 시장에서 액면가와 비슷하거나 그보다 할인된 가격에 팔린다. 인터넷을 찾아보면 박 전 대통령 취임기념(9대) 우표는 360원에 팔리고 있다. 오마르 가봉 대통령 박 전 대통령 방한기념 시트우표는 780원 정도로 둘 다 액면가보다는 높지만 동전수준이다. 전두환 전 대통령 기념우표도 마찬가지다. 1983년 인도 방문기념 우표 전지(총 25장)의 가격이 3000원대이다. 많이 찍어냈기에 여전히 재고가 넘쳐난다.

그림 84 박정희 전 대통령 기념우표

이처럼 우리나라의 우표가 가치가 낮은 이유는 대량으로 찍어냈기 때문이다. 예컨대 지난 2005년 발행된 황우석 박사의 인간복제 배아줄기세포 배양 성공 특별 기념우표의 경우 조작이 드러나고 나서 전량 회수됐다. 그럼에도 수집 가치는 높지 않다. 회수를 했음에도 불구하고 발행량의 70%수준인 155만 장 정도가 시장에 풀렸기 때문이다. 2005년 국내 우취인구는 15만 명을 조금 넘는 수준으로 70%가 풀렸음에도 주요 수집인구의 10배를 넘기는 수준인 것이다.

또 다른 이유로는 우표 제작이 디지털화 되어 필요한 만큼 뽑아서 쓸 수 있게 되었기 때문에 희소성이 사라졌다. 우표의 '도안'이나 기념우표 등에 대한 관심도도 매우 낮아진 것도 있다.

국내에도 비싼 값어치를 하는 우표가 있긴 있다. 한국 최초의 우표인 '문위우표'가 그것인데, 문위우표는 1884년 우정국 개국에 맞춰 발행된 조선 최초의 우표이다. 문위우표 전면을 보면 COREAN POST라는 영문과 대조선국우초(大朝鮮國郵鈔)가 한자로 써있다. 당시에는 우표가 아니라 우초라고 했다. 액면금액이 당시 통용화폐인 문으로 표시되어 있어 문위우표라고도 하는데 국내에 인쇄소가 없어 일본 대장성에 발주해 제조했다.

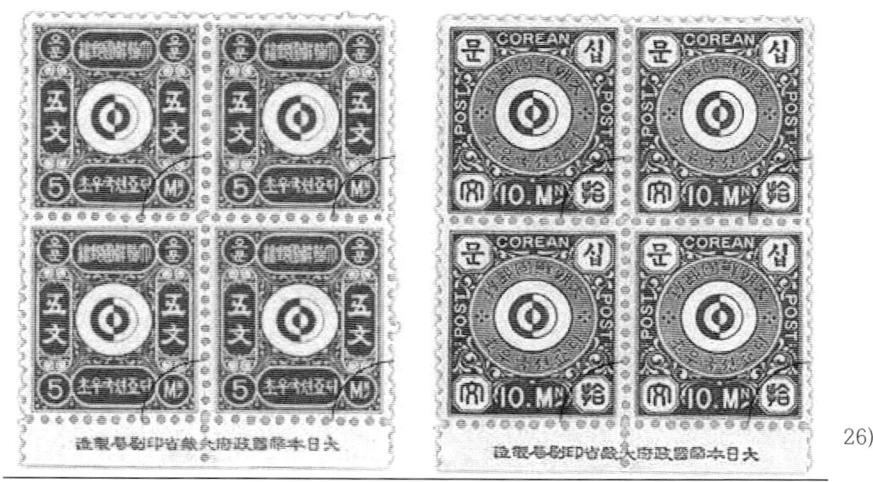
그림 85 한국최초 우표인 문위우표 5문,10문

26)

액면 기준으로 5문, 10문, 25문, 100문의 5종이 있는데 예정대로 발행된 것은 5문과 10문뿐이다. 나머지는 우정총국이 폐쇄된 이후 도착해 공식적으로 발행되지 못했다. 갑신정변이 일어나며 발행 후 2주 만에 사용이 중단된 비운의 우표이기도 하다. 발행량은 총 280만 장인데, 10문이 100만장, 100문이 30만장, 나머지 3종은 각각 50만장이었다. 사용되지 않은 25문, 50문, 100문의 문위우표는 모두 다 해외로 유출됐다. 정확히 일본에 우표 대금을 지불하기 위해 독일계인 세창양행에 미사용 전량을 넘겼다고 한다. 세월이 흐르며 세창양행을 설립한 독일인 마이어씨가 문위우표를 풀기 시작해 국내 우표 수집가들이 해외 경매 등을 통해 구매하는 것이 가능해졌다.

일반적으로 우표는 미사용된 제품의 가치가 높은데 문위우표는 특이하게 우체국의 소인이 찍힌 '사용된' 것의 가치가 높다. 갑신정변으로 인해 사용기한이 워낙 작고 미사

---

26) 자료 : 한국우표포털

용 제품이 대량으로 풀려나갔기 때문이다. 문위우표 자체는 비싸도 30만원이 넘지 않는다. 상태가 조금 좋지 않은 것은 몇 만 원선에서도 거래된다. 실제 사용돼 소인이 찍힌 제품은 900만원 정도에 거래된 적이 있다. 알려진 바에 따르면 현재 국내 수집가가 사용된 문위우표를 27장 가지고 있는 것으로 전해진다.

우표수집가들 사이 눈에 불을 켜고 찾는 물건이 문위우표가 발행된 첫날의 날짜도장이 찍힌 초일 봉투나 소인이 찍힌 문위우표가 붙은 실체 봉투(엔타이어)이다. 발견만 하면 10억 원은 갈 것이라는 말이 있다. 문위우표 초일 봉투의 경우 2002년 KBS의 진품명품에 등장해 평가액 1억 원을 받은 적이 있다. 다수 전문가들은 과거 등장했던 것들과 같이 진품이 아닐 가능성이 있다.

전문가들 사이에서는 우표를 수집하려면 지금이 적기라는 말이 있다. 비싼 몇 개를 제외하면 국내 저렴한 우표들을 다양하게 사들일 수 있기 때문이다. 돈 안들이고 수집취미를 가지고 싶은 이들에게 우표 수집을 추천한다.

2) 골동품 수집

가) 골동품이란?

골동품은 오래된 물건으로, 희소적·미술적 가치를 지니고 애완되는 물품을 말한다. 일반적으로 물건을 만든 지 100년이 넘으면 골동품, 그렇지 않으면 빈티지 제품이라고 한다. 이는 1990년대 미국에서 관세를 부과하기 위해 만든 기준으로, 실제로 '수집가' 들은 이 기준에 크게 신경 쓰지 않는다고 한다. 골동품은 비싸다는 인식때문에 쉽사리 취미로 수집하기 어렵다는 편견이 있다. 하지만 골동품 중에 10만원 안팎의 물건도 많다.

그림 86 다양한 골동품들

1. 안지훈씨가 모은 50~70년 된 미국·일본산 만년필. 2. 안씨가 첫 수집품으로 핀란드 벼룩시장에서 산 장난감 전차. '메이드 인 유에스-존 저머니'(MADE IN U.S-ZONE GERMANY)라고 쓰여 있어 제2차 세계대전 뒤 미국령 독일에서 만든 제품임을 알 수 있다. 3. 이창훈씨 집 벽에 걸어둔 19세기 중반에 만든 참죽나무 필가(붓걸이). 4. 안씨가 가지고 있는 1960년대에 만든 핀란드 아라비아(Arabia)의 루스카(Ruska) 주전자. 5. 안씨가 스웨덴 출장을 가 사온 1930년대에 만든 가죽 여행가방. 6. 이씨가 4년 전부터 모으고 있는 사자상 가운데 19세기 후반 청나라 시대에 만든 작품.

나) 골동품 수집 시작하기

골동품 수집을 시작하는 방법에는 도가 없다. 그러나 여러 가지 팁은 존재한다.

골동품을 구입하는 안목있는 컬렉터들은 고물상에서도 보물을 건져간다. 물론 처음부터 눈썰미가 있어 그런 것은 아니다. 자주 보고 눈에 익히고 공부했기 때문에 안목이 생기는 것이다. 돈은 있지만 안목 없는 어떤 사람은 모조품을 진품으로 속아 사기도 하고, 안목 있는 어떤 이는 진짜 보물을 '고철 값'에 사들이기도 한다. 문제는 어떻게 하면 진흙 속에 숨겨진 보물을 제대로 캐내느냐이다. 결국은 '보는 눈', 즉 안목의 힘이다.

안목을 기르기 위해서는 인사동 경매장을 탐방하는 것도 좋다. 일주일마다 열리는 경매장의 물건은 매주 달라지기 때문에 입찰하지 않더라도 당분간 꾸준히 참석하며 안목을 키워보자. 안목이 생겼다 싶으면 경매초반에 나오는 저렴한 것들을 입찰해보는 연습을 해보자. 낙찰 받은 물건을 이유 없이 취소할 경우 낙찰가의 10~30%의 취소 수수료를 내야한다.

골동품을 일반 가게에서 구매할 때는 물건 속 이야기를 꼭 물어보고, 인터넷에서 고미술 서적이나 관련 정보를 검색하거나, 박물관 등을 통해 공부를 하면 좋다. 수집가들이 말하는 골동품을 모으는 가장 큰 이유는 '물건에 깃든 이야기'의 매력이고 한다. 골동품 가게 주인한테 관련된 이야기를 듣기도 하고, 스스로 상상하는 재미도 있으니 참고하길 바란다.

막연히 값어치가 있는 옛 물건을 모으는 것보다는 테마를 정해 모으는 것이 좋다. 투기목적으로만 골동품을 구입할 경우 거의 90%는 실패한다고 하니 투기보다는 자신의 취향이나 실용성을 바탕으로 구입하는 것이 좋다.

골동품값은 일반적으로 물가상승률을 웃도는 비율로 오르고 있는 것은 사실이나 외국처럼 공인된 경매장(옥션하우스)이나 공정가격이 형성되어 있지 않고 있는 것이 현실이다. 가격을 형성하는 요인으로는 제작연대, 귀하냐 흔하냐는 자료적 가치, 미술품으로서의 가치, 수집경향의 인기도, 작자의 명성 등. 그리고 수집가의 주관적인 안목에 의한 가치도 값을 조절한다.[27]

반드시 어디 가서 뭔가를 사야한다는 생각보다는 가족이 쓰던 오래된 물건부터 모아보는 것도 골동품 수집을 시작하는 방법 중 하나이니 쉽게 시작하기 힘들다면 이 방법을 이용해보자.

---

[27] 출처:<전문가들이 본 시장실태와 매입요령> 중앙일보

3) 무거운 낭만, 레코드 수집

가) LP란?

Long Playing Record(LP판), Vinyl Record. 음반 규격의 일종으로 LP음반, 레코드판이라고도 부른다. 당시 널리 쓰이던 SP(Standard Playing Record)나 EP(Extended Playing Record)등에 비해 훨씬 긴 재생 시간을 가지고 있어서 LP라는 이름을 붙게 되었다. 1948년에 발표됐을 때의 반응은 DVD가 블루레이 디스크로 업그레이드되는 것 이상의 충격이었다. 크기는 지름 12인치(30cm) 내지는 매우 드물게 10인치(25cm)고, 무게는 일반적으로 110 ~ 180g 정도이다. EP, LP등 레코드 판의 재질이 플라스틱(비닐)으로 제조되므로 영어권에서는 모두 바이닐 레코드(Vinyl Record)라고 일컬어서 부르며 한국에서는 LP가 주로 유통되었으므로 LP가 레코드판의 대명사가 되었다. LP가 진화한 것이 CD이다. LP는 말 그대로 장시간 음반이라는 뜻이지만, 제대로 된 싱글 음반 시장이 없었던 대한민국에서는 EP나 7인치 싱글 음반까지도 포괄해서 LP라고 부르고 레코드판과 LP, 바이닐을 동의어로 쓰는 경향이 있다. 다만 싱글과 EP는 엄연히 규격이 다르므로 구분해야 한다. 규격에 상관없이 아날로그 음반을 통칭하고 싶을 때는 '바이닐(Vinyl Record)'로 부르면 된다.

나) LP수집의 매력

MP3를 넘어 스트리밍으로, 세상을 흐르는 음악들은 이미 극단적으로 가볍다. 음악 그 자체에 대한 이야기가 아니라 아티스트가 만든 원음을 담는 '그릇'이 가볍다는 소리이다. 한편으론 그 가벼움에 대한 반동이 뉴트로 열풍 속에서 목격된다. 청계천과 회현 상가, 동묘등지에 구루마를 끌고 나타나 먼지 쌓인 LP 무덤을 뒤지던 사람들은 더 이상 '한줌단'이 아니다. 7080 취미처럼 여겨지던 LP 수집 시장이 그럴싸한 규모로 커지며 깨끗하게 보관된 레코드들이 힙한 상점에서 그림처럼 팔려 나간다. 최근 몇 년간 오래된 LP뿐 아니라 신규발매도 줄을 잇고 있다. 블랙핑크 리사 솔로, 2PM 7집, 유희열 프로젝트 앨범 등 새로 선보이는 신규 음반은 물론, 김광석, 변진섭 등 오래된 가수의 앨범이 재발매되는 등 최근 LP의 인기가 뜨겁다.

LP수집은 CD나 카세트 테이프를 모으는 것 이상으로 엄청나게 귀찮은 취미이다. 일단 크기가 있다보니 어느 정도 모은 후엔 집 한 켠은 그냥 내어줘야 한다. 반질을 유지하려면 온습도도 잘 맞춰줘야 하고, 때때로 소리골에 낀 먼지도 물청소를 해 줘야 한다. 책처럼 비스듬히 기울여 보관하면 판이 휘기 때문에 수직으로 둬야 하는건 기본. 턴테이블 바늘도 주기적으로 교체해 줘야 판도 상하지 않고 좋은 소리가 난다.

강조하자면, LP가 유독 그렇긴 하지만 CD나 카세트 테이프처럼 실물 음반을 모으는

건 귀찮다. 귀찮고 비싸고 무거운 취미이다. 그런데 가벼운 것들이 도처에 널려 있는 시대라서인지 갑자기 무거운 것이 주목 받고 있다. 오랜 시간을 들이고, 소중하게 구해 내 공간의 한구석을 할애한다는 것에 LP의 매력이 있다.

지난 몇 년간 음악계는 이런 현상을 두고 '물성에 대한 수요', '발굴하는 음악의 시대', '젊은 층에 소구하는 과거 문화' 등의 분석을 내놨다. 다 어느 정도 맞는 말이다. 다만 어떤 이유에서든, 이 무거운 취미 생활의 근원에 '낭만'이 깔려 있다는 점만은 100% 확실하다. [28]

요즘 젊은이들에게 LP로 음악을 감상하는 취미, LP를 모으는 취미가 과거처럼 다시 한번 매섭게 번져가고 있다. 실제로 LP 바를 찾는 고객 중에서도 젊은이들이 많아졌다. 연세가 지긋하신 분들이야 젊었을 때부터 듣던 음악이라서 익숙하다고 생각할 법하지만, 젊은이들이 이렇게 열광하는 이유는 무엇일까? 첫 번째로는 호기심, 그리고 두 번째로는 LP의 힙한 감성에 대한 선망이다. 물론 누군가는 음원으로서 가장 훌륭한 저장매체로 LP를 꼽기도 하지만 이것은 사실과는 다르다. 마찰 면을 이용해 음악을 재생하는 원리라 시간이 지날수록 음질이 점점 저하된다.

LP를 듣는 이들은 음원의 손실률보다는 음원에 얽힌 추억이 음악을 듣는 우리에게 더 중요하다고 본다. 그런 의미에서 턴테이블 위에 올려진 LP판은 우리에게 아날로그가 주는 심리적인 편안함과 음악을 온전히 즐기는 만족감을 주곤 한다. 게다가 작은 흠집이 만들어낸 잡음은 오히려 매력적으로 느껴진다.

또한 LP판을 구매하면서 듣는 즐거움은 물론, 보는 즐거움도 크다. 1949년부터 LP 출시가 시작되었기에 오랜 시간 동안 멋진 재킷이 많이 나왔다. 한참 지난 재킷 디자인이 다시금 신선하게 느껴지고, 색다르게 다가올 수 있다. 그렇기에 LP를 듣는 용도가 아닌 보여주는 용도로 공간 인테리어에 사용하기도 한다.

---

[28] <화양연화 LP 아직 못 구한 사람? 가벼움의 시대에 만난 무거운 낭만, 레코드 수집>, ELLE

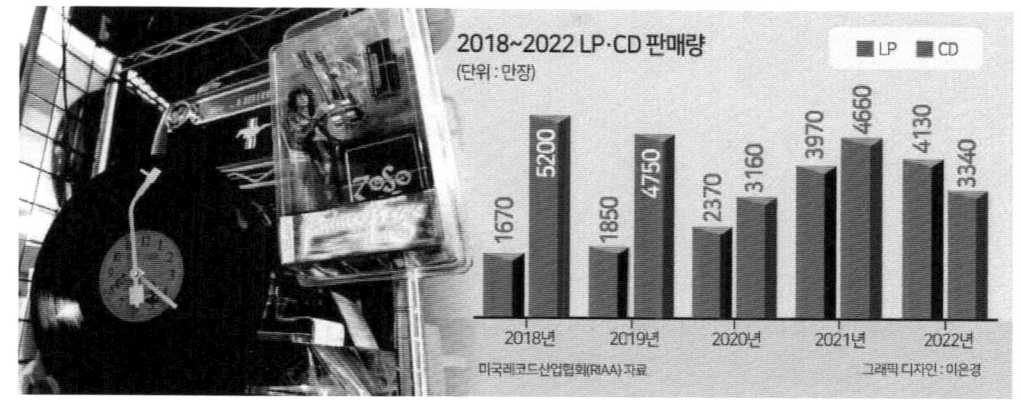
그림 87 2018~2022 LP·CD 판매량

그림 88 가게에 진열되어있는 LP판

다) LP 입문하기

LP 입문자에게는 턴테이블과 라디오, CD와 USB도 모두 읽을 수 있는 멀티테스킹이 가능한 턴테이블을 추천한다. 이러한 턴테이블은 비록 소리만 비교하자면, 음질이 좋지는 않지만, LP에 관한 관심이 식는다 하더라도 다른 저장매체로도 음악을 즐길 수 있기 때문이다. 이러한 멀티 용도의 턴테이블로 LP 감상을 하다가 오랜 취미로 이를 지속하고 싶다면 중급용 턴테이블은 물론, 여기에 더해 앰프와 스피커 등의 기계도

갖추는 것이 좋다. 디지털 기기의 경우, 음악 감상에 있어 질의 편차가 크지 않지만, 아날로그 기기일 때 그 편차가 하늘과 땅 차이이기 때문이다. 소리가 마음에 안 든다고 해서 계속 턴테이블을 바꾸면서 오히려 비용이 많이 들기도 한다. 그래서 취미생활이 지속될 것으로 생각하면, 쓸만한 턴테이블을 구매하는 것이 오히려 경제적이다.

이렇게 LP로 음악을 감상하다 자신만의 생각에 갇힐 수 있다. 자기 경험을 지나치게 믿은 나머지 자신이 좋아하는 음악만이 좋은 음악이라고 말하곤 한다. 게다가 이를 다른 이들에게 강요하기 시작하면, 그것은 현명한 음악 감상이 되지 않는다. 음악은 내가 좋을 대로 들어야 한다. 남에게 강요하지도, 남의 말대로 따라 하지도 않는 것이 중요하다.29)

그림 89 저스트재즈, 턴테이블과 음반

라) LP관련 최신 소식

현재 LP 시장에서 나타나는 중요한 트렌드는 '뉴트로'(Newtro·새로운 복고)다. '경험한 적 없는 추억'의 트렌드가 MZ세대에게 불어닥치며 LP를 향유한 시절의 감성과 음악을 소환했다.

'바이닐 로드'에 자리잡은 레코드숍에선 최정상 현역 가수들을 비롯해 LP가 소비되던 1980년대 제작된 음반을 심심치 않게 볼 수 있다. 김영혁 대표는 "김밥레코즈를 오픈

---
29) <[취미학개론] 잡음마저도 인간적으로 아름다운 LP>, 팝콘뉴스

했던 2010년대 초반만 해도 신중현, 펄시스터즈, 김정미 등 1970년대 중고 LP가 인기를 모았다면 2010년대 후반부터 팬데믹 이전까지는 1980년대 활동한 이문세·유재하·빛과소금·김현철 등의 LP가 장악했다"고 말했다.

이와 함께 음악을 '소유'하고 싶은 욕망이 LP 구매로 이어진 점도 LP 붐의 원인으로 지목된다. 스트리밍 시대의 LP에는 '무형의 음악'을 소유하고자 하는 욕망이 투영됐다. 단지 '추억 소환'이나 '좋은 음질'을 통한 '음악 감상용' 매체가 아니라 '소장용 굿즈'로 자리한 것이다.

턴테이블을 가지고 있지 않아도 LP를 소비하는 세대도 등장했다. 지난 4월 북미 음악시장 분석 업체 루미네이트에서 발간한 '2023 톱 엔터테인먼트 트렌드' 리포트에 따르면, 지난 1년 동안 미국에서 LP를 구매한 소비자 가운데 50%는 레코드 플레이어를 가지고 있지 않았다. 특히 팬덤 사이에서 LP는 '굿즈'의 개념이자, 고가의 상품인 탓에 '신분의 차이'를 상징이기도 한다. 유명 가수의 LP는 보통 가격이 5만원에 달하는데다 발매 수량이 많지 않아 온라인에서 이들의 LP 가격은 하루가 다르게 치솟는다. 500~3000장 한정 수량으로 찍은 K-팝 가수들의 LP는 온라인에서 200~300만원에 거래되기도 한다. 재발매 직전 아이유의 '꽃갈피' LP가 이러한 사례다. 전문가들은 아직도 LP 트렌드의 전망을 밝게 본다. '문화 다양성'과 '개인의 취향'을 중시하는 MZ세대에게 LP 문화는 잘 맞는 짝이기 때문이다. 김영혁 대표는 "LP 문화가 음악적 다양성과 문화적 균형에 기여하는 면이 있다"며 "레코드 산업이 스트리밍을 제친다는 것은 불가능하지만, 마포 일대에 레코드숍이 늘어나며 애호가들이 안착하고 있다는 것이 좋은 징조"라고 봤다. 최근엔 홈쇼핑, 온라인 등을 통해 합리적인 가격의 턴테이블 판매도 부쩍 늘고 있다.

최규성 평론가는 "바이닐 문화는 이제 소수가 향유하는 트렌드를 넘어 일상으로 깊숙하게 들어와 모두가 즐길 수 있는 문화가 됐다"며 "젊은 세대들에겐 남들이 하지 않는 '힙'한 문화라는 인식이 자리한 상황에서 취향과 개성에 맞는 자신만의 음악을 만들어가는 세대들을 통해 꾸준히 이어지고 있다"고 말했다.

임진모 대중음악평론가는 "바이닐 열풍은 스트리밍 시대의 역설이자, 베이비붐 세대를 향한 현 세대의 건강한 반격"이라며 "대량 생산, 스트리밍이라는 획일화된 문화의 정반대 개념인 바이닐 문화는 다품종 소량 생산으로 문화적 균형과 다양성에 기여한다"고 분석했다. 그는 이어 "효율성과 속도를 중시하는 현대 사회에서 좋아하는 음악을 듣기 위해 음반의 비닐을 뜯고 판을 꺼내고 턴테이블에 올리는 느린 과정은 그 자체만으로도 경험이라는 가치가 있다"고 덧붙였다.

지난해 국내 LP수집가들 사이에서 가장 화제가 된 발매 뉴스 중 하나는 왕가위 감독

영화 OST한정판이 나온다는 소식이다. 왕가위가 영화제작사 택동영화사를 차린 지 30주년이 된 기념으로 그의 영화 OST들이 발매된 것이다. 워낙 마니아층이 두터운 감독이라 그 인기를 예상치 못한 건 아니었으나, 이미 여러 차례 나왔던 음반임에도 관심은 뜨거웠다. 발매 시기에 맞춰 정가에 구매하는 건 거의 하늘의 별 따기가 된 수준이다. 요즘 LP구매 트렌드에도 딱 맞다. 아름다운 커버와 감각적인 음악이 다 들어있기 때문이다.

엔데믹에 접어든 2022년부턴 대규모 레코드 페어나 박스 세트 데이 등의 행사도 기지개를 켜고 있다. 작년 1월엔 10년 역사의 서울레코드페어가 2년 만에 개최되었다. 25일엔 유니버셜 뮤직이 주최하는 '레코드 박스 세트 데이'가 열렸다. '레코드 박스 세트 데이'는 해외 독립 음반 상점을 중심으로 매년 열려 온 동명의 행사의 한국판이다.

그림 90 왕가위감독 영화 OST 음반

언급했듯 왕가위 영화 OST 시리즈 〈화양연화〉, 〈중경삼림〉, 〈해피투게더〉, 〈일대종사〉, 〈2046〉, 〈동사서독〉 등의 각 버전 LP 등이 판매대에 오르고. 판매와 동시에 품절 대란을 일으켰던 조성진의 〈2015 쇼팽 콩쿠르 우승 실황 앨범〉 카세트 테이프가 판매되었다. 또 힙합 브랜드 베이프(BAPE)의 창시자이자 현재 겐조 아티스틱 디렉터를 맡고 있는 니고(Nigo)의 'I Know NIGO!' 티셔츠 및 CD 묶음 제품도 있다.

지난 해 1월 5일 서울 도심 문화역서울 284 앞에는 긴 줄이 섰다. 저마다 패딩 점퍼

와 조끼 등으로 추위에 대비한 이들은 한 손에는 물건들을 담을 수 있는 에코백이나 종이봉투를 하나씩 들고 있었다. 바로 국내 희귀 LP 음반을 만나볼 수 있는 레코드 축제인 제11회 서울레코드페어다. 음악을 만드는 레이블이나 음악가가 대중에게 음악과 음반을 손쉽게 홍보하고 판매하는 자리로 매년 열리는 행사다. 그러나 지난 2019년 행사를 마지막으로 신종 코로나바이러스 감염증(코로나19) 여파로 2020~2021년에는 열리지 못했고, 작년 초에는 홍대 인근에서 축소된 규모로 열렸다.

이에 코로나19 사태 이전에 열리던 문화역서울 284에서 제대로 음악 팬들을 맞는 것은 3년 만인 셈이다.

행사는 이날 오전 11시 개막했지만, 정식 입장 전부터 행사장 인근은 소문을 듣고 온 음악 팬들로 북새통을 이뤘다. 정오 즈음에서는 100여 명이 입장을 위해 긴 줄을 섰고, 불과 1시간 동안 이곳을 찾은 이만 1천500여 경에 달했다.

주최 측은 "10년 넘게 고속 성장을 구가한 서구 시장과 달리 지난 2~3년간 본격적으로 성장한 국내 레코드 시장이 어디까지 커질 수 있을지 예측해 볼 수 있는 자리가 될 것"이라며 "국내 레코드 시장은 정확한 판매량 집계가 이뤄지지 않기에 서울레코드페어에 모인 관객 수가 국내 시장의 흐름을 파악하는 지표로 인식돼왔다"고 설명했다.

주최 측은 "일부 희귀한 LP는 개장과 동시에 팔려나가기 때문에 원하는 음반을 찾고자 일찌감치 찾은 방문객이 상당수"라고 분위기를 전했다.

그림 91 서울레코드페어에 진열된 LP 제품들

행사장에서는 70여 개 이상의 부스가 마련돼 다양한 LP를 전시·판매했다. 서태지와아이들, 듀스, 전람회 등 국내 희귀 LP는 물론 미국, 일본, 제3세계 등 다양한 LP가 팬들을 만났다. 팝, 록, 재즈, 힙합, 댄스 등 장르도 각양각색이었다. LP 외에도 추억의 카세트테이프나 CD, 음악 관련 서적도 판매됐다. LP가 7080시대의 전유물이라는 인

식은 깨진 지 오래다.

이날 행사장에서는 실제로 LP를 듣고 자란 40대 이상 중·장년층보다는 '힙한 레트로 문화'의 하나로 소비하는 20·30대 방문객이 압도적으로 많았다.

방문객들은 LP로 빼곡하게 채워진 가판대에서 마치 보물찾기를 하듯 상품을 하나 하나 넘기며 원하는 가수가 있나 찾아봤다. 마음에 드는 LP를 찾고서는 함께 방문한 연인에게 '이것 봐'라고 보여주는 이들도 심심치 않게 눈에 띄었다.
가수 김현철이 동아기획 시절 발표한 1~3집과 영화 OST '그대 안의 블루'·'네온 속으로 노을지다' 등 다섯 장을 한 데 묶은 '김현철 동아 레코즈 이어스 1984~1994'(Kim Hyun Chul DONG-A RECORDS YEARS 1984~1994)는 제11회 서울레코드페어 한정반으로 특별 제작됐다. 이 밖에도 김현식, 안다영, 이문세, 이디오테잎 등의 명반이 LP로 제작돼 처음으로 공개됐다.

일부 희귀 LP는 수십만원에 달하는 가격표를 달고도 음반 애호가에게 속속 팔려나갔다. 일본 밴드 안전지대의 보컬 다마키 고지(玉置浩二)의 솔로 LP는 45만원, 일본 시티팝의 거장 야마시타 다쓰로(山下達郎)의 작품은 50만원의 가격표가 매겨졌다.

라. 실리형

1) 레고

가) 레고란?

어린시절 좋아한 취미를 어른이 돼서도 이어가는 '키덜트족(키드+어덜트)'이 최근 급부상하고 있다. 그 중 레고는 어린이부터 어른까지 이용할 수 있는 취미활동이다. 레고는 1932년 덴마크 목수 올레 키르크 크리스티얀센이 조립식 블록제품을 내놓게 된 것이 시초로, 이름의 유래는 덴마크어로 '잘 놀다'라는 뜻을 가진 'LEGO GODT'를 줄인 것이며, 회사 이름인 동시에 완구이름이기도 하다. 초기에는 나무를 깎아 블록을 제작했으나 1940년 대 플라스틱을 이용한 대량생산이 가능해지면서, 블록 완구 계열에서 지금과 같은 독보적 위치에 오르게 되었다. 지금과 같은 형태의 블록은 올레 키르크 크리스티얀센의 아들 고트프레드가 고안했다.

1. 놀이의 기능성이 무한할 것
2. 남녀 아이 모두를 위한 것
3. 모든 연령의 아이들에게 맞는 것
4. 일년 내내 가지고 놀 수 있는 것
5. 아이들의 건강과 편안함을 고려할 것
6. 적당한 놀이 시간을 지킬 것
7. 발전, 환상, 창의력을 증대 시킬 것
8. 더 많은 놀이의 가치를 증폭시킬 것
9. 쉽게 보충할 수 있을 것
10. 품질이 완전할 것

30)

"코로나19 이후 제대로 된 취미를 갖기를 원하는 성인들이 많아지면서 전통적인 '키덜트(kidult·장난감 선호 등 어린이 취향 가진 성인)' 개념도 변하고 있다. 특정 마니아층에서 차, 건물 등의 제한된 제품군이 인기였다면 최근에는 명화, 다육식물, 인테리어 소품 등 일상생활에서 접할 수 있는 제품으로 범위가 넓어지면서 레고를 찾는 3040의 수요가 크게 늘고 있다." 레고코리아 현재욱 시니어 브랜드 매니저(부장)는 최근 인터뷰에서 키덜트의 진화를 언급하며 이같이 설명했다.

코로나19를 계기로 소수의 마니아층에 국한됐던 키덜트 시장의 저변이 확대되고 있다. 단순히 어린 시절 가지고 놀던 장난감에 대한 향수(鄕愁) 때문에 소비를 하는 것을 넘어서, 놀이처럼 즐기지만 진지한 취미를 갖고자 하는 성인들의 욕구를 충족시켜

---

30) 고트프프레드는 1963년에 레고 시스템의 10가지 기본규칙을 제창했다.

주는 장난감이 재조명받고 있는 것이다.

올해 90주년을 맞은 레고는 이 같은 흐름에 올라탄 대표적 사례다. 레고는 코로나19가 본격적으로 유행하기 시작한 지난 2020년부터 성인들의 폭넓은 관심사를 반영해 인테리어 소품부터 명화, 예술 등 아트와 식물 같은 자연 영역까지 제품군 테마를 다양화했다. 덕분에 레고그룹의 지난해 글로벌 매출은 전년 동기 대비 27% 증가한 553억덴마크크로네(약 10조3405억원)를 기록했다.

현 매니저는 "어린이를 대상으로 한 제품은 상상력이 중요했지만, 어덜트 라인 제품은 현실과 똑같을 만큼 살아있는 디테일의 구현이 핵심"이라며 "레고로는 이 세상 현존하는 모든 것을 만들 수 있다는 점 때문에 놀이처럼 즐길 수 있으면서도 전문적인 취미로 삼고 싶은 성인층의 사랑을 받고 있다"고 말했다.

그림 92 레고 테크닉 페라리 데이토나 SP3

"레고그룹은 2020년 이후 10개 이상의 제품군을 새롭게 론칭하며 제품 포트폴리오를 확대하고 있다. 자체 설문조사 결과, 한국 성인의 47%는 '휴식 시간에 무엇을 해야 할지 모른다'고 답하면서도 동시에 85%가 '더 많은 취미를 원한다'고 했다. 놀이와 취미에 대한 갈망이 매우 큰 것이다. 코로나19를 계기로 놀이와 취미를 동시에 원하는 성인들의 수요가 높아질 것을 예상해 제품 테마를 인테리어, 아트, 식물 등으로 더욱 다양화했다.

성인 대상의 제품은 아이들 제품에 비해 피스(piece) 수가 훨씬 많은 대신 현실과 똑같을 만큼의 디테일을 구현할 수 있다. 조립 후에는 집, 사무실, 특별한 장소에 전시하기에도 좋아 활용 가치가 높다. 건축물, 자동차, 예술, 스포츠, 패션에 이르기까지 성인들의 선호도가 높은 브랜드와 협업하는 등 다양한 시도 덕분에 성인 소비자층의 반응이 매우 좋다."31)

나) 레고 부품

레고 부품은 브릭(Brick), 막대, 바퀴, 도르래, 미니피겨 등으로 이루어져있으며, 이러한 부품을 결합해 작품을 만든다. 브릭은 레고로 무언가를 만들 때 가장 중요시되는 부품으로 직육면체나 정육면체 모양으로 생겼다. 미니피겨(minifigure)는 레고에서 사용되는 사람 모양의 인혀이다. 초반에는 일반적인 형태의 것만 생산되었지만 최근 애니메이션 캐릭터 디자인을 차용한 것도 출시되고 있다. 전통적으로 미니피겨의 살색은 노란색을 사용하나, 레고 스타워즈와 같은 라이센스 시리즈에서는 실제 백인, 흑인에 가까운 색깔을 사용하기도 한다.

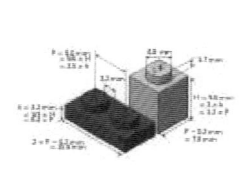

그림 93 레고 부품 브릭(Brick)

다) 레고로 재테크?

레고는 크기나 구성에 비해 다소 비싼 가격 때문에 가장 친숙하면서도 접근하기 어려운 키덜트 품목이다. 레고는 판매기간이 어느 정도 경과한 모델은 아무리 잘 팔려도 생산을 중단한다. 종류가 어마어마하기 때문에 생산라인을 오래 유지하기 어렵기 때문이다. 물론 단종된다고 무조건 모든 레고의 가격이 오르진 않는다. 소장가치가 높거나 마니아층이 두터울수록 가격이 올라간다.

인기있는 제품은 우리가 흔히 알고 있는 스타워즈(Star Wars)시리즈나 마블(Marvel) 시리즈, DC코믹스 시리즈 등이다. 2007년 발매된 '밀레니엄 팔콘'은 정가가 500불(약 68만 원)이었지만 현재는 보관상태에 따라 600단~700만 원에 거래된다. 무려 1000%의 수익률이다.

---

31) <"상상력에 디테일을 더하다"…놀이·취미 원하는 3040 사로잡은 레고>, 조선비즈

그림 94 밀레니엄 팔콘

특정 장소에서만 판매되거나 한정 수량으로 제작된 레고는 이따금씩 경매에 넘겨져 한 제품에 몇 백만 원대 이상의 가격으로 거래되기도 한다. 특히 레고에서 임의로 설정한 세계관의 제품보다는 인기영화나 만화에 등장하는 장면을 레고로 만든 제품들의 가격이 비싼 편이다.

이전에는 소장이 목적인 '건담' 골수팬이 다수였지만 시세차익을 노린 '리셀러(되팔이)'들도 적지 않다. 일부 인기 품목은 곧바로 온라인 중고시장에 정가보다 50% 비싼 가격에 올라오기도 했다. '레테크(레고+재테크)'라는 신조어도 생겼다. 최근 10여 년간 레고 재판매 수익률이 주식을 압도했기 때문이다. 2017년 주식 수익률이 약 4%에 그친 반면 레고 수익률은 12%를 웃돌았다.

레테크의 핵심은 단종 시 가격이 오를만한 모델을 골라내는 안목을 키우는 것, 그리고 미개봉 상태로 깨끗하게 보관하는 것이다. 포장을 뜯어 사용한 제품과 미개봉 제품의 가격 차이는 10배가 넘을 때도 있다. 확신이 있다면 여러 개를 구매하는 것도 요령이다. 레고 마니아 다수는 취미용으로 한 개, 판매용으로 두 세 개를 사둔다고 하니 재테크 취미로는 제격이다.

2) 사금캐기-금을 캐는 취미

　　가) 사금이란

사금은 금(金)성분을 가진 광석이 풍화나 침식 작용으로 붕괴된 후 물이나 해일로 인해 모레·자갈 등과 자갈 등과 함께 강변이나 해변 또는 그 바닥에 침전된 금을 말한다. 금광맥이나 기타 금광상이 침식작용으로 파쇄(破碎)되어 유수(流水) 또는 파도의 작용으로 운반될 때 무거운 광물은 사력(砂礫)과 함께 집중되고 가벼운 광물은 좀 더 멀리 운반되어 도태된다. 사력 중에 금은 무거우므로 하강하여 기반의 바로 위, 또는 사력 중에 끼어있는 비교적 치밀한 점토층 바로 위에 모이는 경우도 있다.32) 또한 암석 속에 다른 광물질과 섞여 있던 자연금이 오랜 세월 걸쳐 떨어져나와 흘러내리며 마모된 조각의 형태로 있기도 하다.

사금 채취는 모래보다 무거운 금의 성질을 이용해 패닝(PANNING)이라는 작업을 거쳐 채취하는 작업을 말한다. 사금채취는 기초적인 포인트만 잘 활용해도 돈이 되는 취미활동으로 이미 미국, 호주, 캐나다 등 해외 각지에 협회가 따로 있을 만큼 건전한 레크레이션 문화이다.

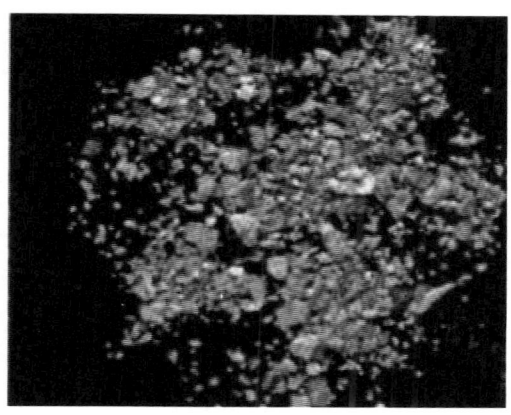

그림 95 사금

　　나) 사금은 어디서 나올까

우리나라에는 곳곳에 금맥이 존재해, 대부분의 하천에서 사금이 발견된다고 한다. 수안(遂安)·직산(稷山)·김제(金堤) 등이 주요 산지이며, 세계적으로는 알래스카의 놈(Nome), 미국의 캘리포니아, 오스트레일리아의 빅토리아 등이 유명하다. 1930년대

---
32) 네이버 사이언스올 과학사전

우리나라는 세계 5위권의 금 생산국이었는데, 당시 세계적으로 금광풍이 불면서 일제에 의해 한반도에도 무수한 금광이 개발됐다. 따라서 금을 캐내던 지역의 하천들에서 사금이 발견될 확률이 높다. 금맥이 존재하거나 금광이 있던 지역엔 '금'자가 들어간 지명이 많다. 사금잡이들이 탐사 대상으로 삼는 지역도 이런 곳이다.[33]

매우 가는 입자의 미세사금과 납작하게 눌린 고추씨 모양(엽상), 좁쌀 모양, 이빨 모양에서부터 간혹 작은 밤톨이나 손톱 크기의 큼직한 '금덩어리'(너깃 형태)까지 우리나라 하천에서 발견할 수 있다. 대부분은 미세사금이나 매우 작은 납작한 금조각들이다. 납작한 조각들은 오랜 세월 물에 쓸리고 돌에 부딪치고 눌려 만들어진 것들이다. 순도는 50~60%에서 80~90%까지 다양한데, 덩어리 사금의 경우는 대개 석영 등과 섞인 모습으로 나와 순도는 떨어진다.

사금에서 가장 기초 포인트가 물골 틈새이다. 초보들은 쉽게 찾을 수 없는 포인트로 이런 부분만 잘 활용해도 사금 찾는 것은 식은 죽 먹기다. 기본이 가장 중요한데 기초적인 방법으로 탐사지마다 응용하여 채취방법을 변형해 사용가능하다. 특정 지역에서만 통하는 방법을 모든 탐사지에 활용할 수는 없다. 새로운 탐사지를 찾아 30분 정도 한 포인트만 공략하는 것도 좋다.

또한 금은 비중이 높아 돌이나 모래에 비해 물에 덜 휩쓸리고 먼저 가라앉아 입자가 다소 굵은 알금은 상류 쪽에서, 미세사금은 중하류에서 발견될 가능성이 높다. 대체로 사금이 모이는 곳은 하천이 굽이를 이루는 지역의 안쪽 퇴적층, 두 물길이 만나는 지역, 하천 바닥이 바위로 이뤄진 곳의 바위틈 등이다. 산세와 물줄기 모양, 바위 형태와 색깔, 퇴적층의 위치 등을 보고 사금이 있을 단한 위치를 파악할 수도 있다. 또한 물길 안팎의 바위틈과 함께 바위 고랑에 뿌리내린 잡초 뿌리 부분의 흙도 사금을 머금고 있는 경우가 있기 때문에 공략 가능하다.

같은 장비를 사용하는데도, 초보자와 숙련자들이 잡아내는 사금의 양엔 큰 차이가 있다. 고수들은 한나절 작업으로 2g 안팎의 사금을 잡는다고 한다. 입문 1년이 지나도록 미세한 알금 몇 톨 구경하고 마는 이들도 있다. 하지만 0.1㎜ 크기의 사금 몇 알을 찾아내는 것만으로도 초보자들이 느끼는 만족감은 매우 크다고 한다. 자기 손으로 직접 자연 속에서 찾아낸 자연금이기 때문이다.

하천은 원래 국가 재산이기 때문에 하천에서 나오는 것들도 본질적으로 국가 재산에 속한다. 하지만 하천이 가진 자원인 물고기 등 생물과 돌은 일상생활이나 취미 형태로 소량 채취할 경우 용인된다고 한다. 대형 장비를 동원해 대규모 채취를 노리는 전문업자들은 법적 규제를 받는다.

---

[33] <"금 봤다!!!" 어디서? 어떻게?>, 이병학 기자(2013.03.06)

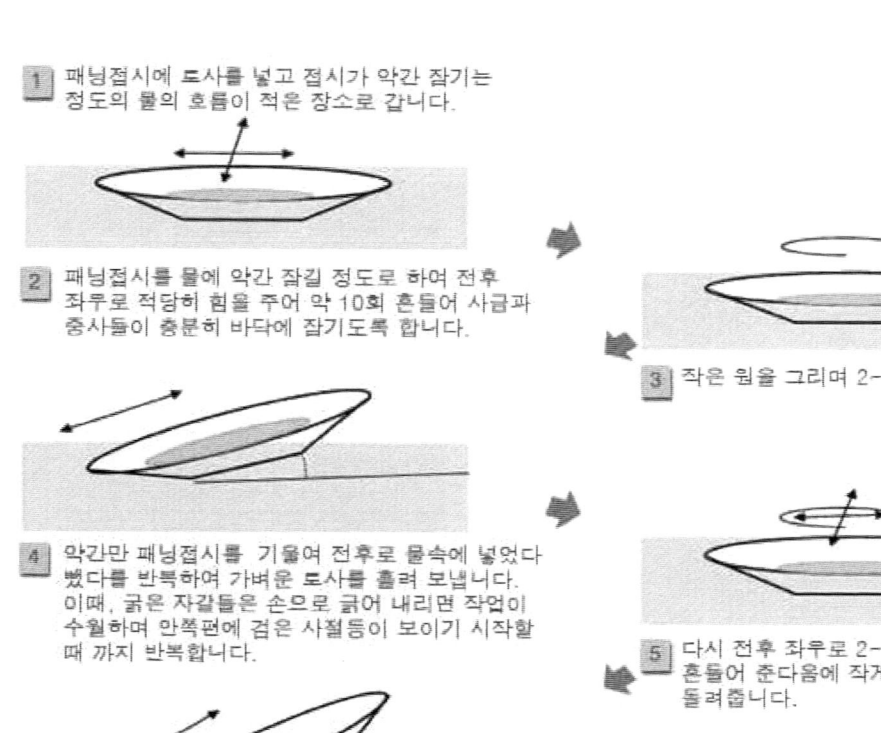

그림 96 사금 채취 방법

다) 어떻게 사금을 채취할까

사금을 채취할 때 가장 기본이 되는 장비는 플라스틱으로 만든 패닝접시이다. 패닝접시는 사금이 포함된 흙을 물과 함께 사금을 분리해 내는 접시를 말한다. 꽃삽 등으로 흙을 퍼 접시에 담고 물 흐름이 잔잔한 곳에서 이 접시를 적절히 흔들고 움직여 주면, 흙이나 모래를 흘려보내 사금을 남길 수 있다. 금이 흙·모래보다 무거운 성질을 이용해 사금을 분리하는데, 바가지로 쌀을 일어 돌을 골라내는 방식과 비슷하다. 미세 사금일 경우 매우 정밀하고 조심스러운 패닝기술이 필요하다.

그림 97 가렛 사금채취 패닝접시 세트 골드팬 가레트

수동 흡입펌프(수동 석션)는 사금이 포함된(것으로 여겨지는) 물속의 흙을 빨아들이는 도구다. 흔히 막힌 하수구를 뚫는 수동 피스톤 펌프를 개조해 사용한다. 이것으로 흙을 모아 패닝접시에 담고 분리한 사금은 스포이트로 빨아들여 보관한다. 좀 더 많은 양의 사금 채취를 위해 물이 흐르는 얕은 바닥에 설치해 놓고 흙·모래·자갈을 퍼올려 흘려보내는 슬라이스 판을 쓰기도 한다.

물속 지형을 잘 들여다보기 위해서는 탐사경도 필요하다. 탐사경을 통해 바위틈의 흙과 이물질을 제거하고 틈에 낀 사금 조각을 핀셋으로 집어내기도 한다. 이 밖에도 물속 작업을 위한 목이 긴 장화, 자갈 거름용 철망, 사금을 보관하는 유리병, 사금·광석·관찰용 확대경(루페)도 요긴한 장비다.

라) 국내 사금채취 체험가능한 곳

-강원 정선군 화암면 북동리
-김제 사금채취 체험장
-홍대 할리갈리 사금체험카페

3) 식물키우기(홈가드닝)

가) 홈가드닝이란?

최근 도시의 친환경 문화와 더불어 집 앞마당이나 배란다에 직접 채소를 심거나 직접 허브를 키우는 경우가 많이 있다. 단순히 화초가꾸기를 벗어나 식물의 이로운 점을 활용하고 공간 만들기 개념으로 이용한다면 홈가드닝 역시 취미가 될 수 있다. 단순한 취미생활이 아니라 심해진 미세먼지를 완화할 수도 있고 스트레스를 주는 환경을 벗어나 집안에서 자연을 느낄 수 있다.

최근에는 '집안에 자연 들이기'가 인테리어 트렌드로 계속해서 떠오르고 있다. 사실 홈가드닝은 2005년부터 한번도 빠지지 않고 '올해의 인테리어 트렌드'로 꼽혔다고 한다. 요즘에 홈가든닝은 집주인이 직접 도시의 정원사 혹은 농부가 되어 나무를 가꾸고 꽃을 피워내거나 직접 키운 허브를 수확해 요리에 사용하는 '능동적인 활동'이라고 한다.

홈가드닝의 핵심은 내부공간에 식물을 가꿀 수 있는 정원을 만드는 것이다. 아파트에 사는 사람들이 많은 한국에서는 베란다를 정원으로 개조한다. 베란다 같은 공간이 없더라도 화분이나 우유팩 같은 작은 용기를 이용해 홈가드닝에 쉽게 입문할 수 있다.

나) 원예용품

실내에서 식물을 키우기 위해서는 기본적인 원예용품부터 갖추어야 한다. 먼저 화분 선택이 중요한데 화분을 고를 때는 내가 그 식물을 어디 둘지를 생각하고 고르는 것이 좋다. 실외에 두거나 베란다에 놓는 경우 도자기 화분이나 플라스틱 화분은 온도 변화에 영향을 받기 때문에 지양하는 것이 좋다.

다) 추천 식물

홈가드닝을 시작하는 것은 어렵지 않다. 집 앞 꽃집이나 대형마트만 가도 구매할 수 있는 제품들이 많기 때문이다. 스위트 바질, 토마토, 케일, 상추 등은 홈 가드닝족(族)들이 선택하는 대표적인 작물들이다.

홈가드닝에서 가장 인기 있는 아이템은 다육식물이다. 미세먼지 정화 기능과 함께 물

을 자주 주지 않아도 되기 때문에 홀로 사는 1인 가구 고객들이 가장 선호하는 아이템이기도 하다. 초보자라면 선인장 같은 다육식물로 홈가드닝을 시작하는 것이 좋다.

그림 98 다양한 다육식물의 모습

홈가드닝 전문가들은 먼지 먹는 식물로 알려진 틸란드시아를 많이 권하기도 한다. 초미세먼지에 대하 인식과 위험이 증가하면서 그 여파로 '공기정화식물' 판매량이 동기대비 16%가량 증가하며, 인기 아이템으로 떠오르고 있다. 틸란드시아는 공기 중 수분과 먼지 속 미립자를 자양분 삼아 성장하고 흙이 없어도 키울 수 있기 때문에, 예쁜 그릇에 담아 놓으면 공기 정화의 인테리어 효과를 동시에 누릴 수 있고 꽃도 볼 수 있다.

그림 99 수염틸란드시아

집안이 건조하면 이끼를 키우는 것도 좋다. 식물은 흡수한 수분의 일부를 저장하고 일부는 공기 중으로 배출하는 증산 작용이 있어 천연 가습기 역할을 한다. 다만 이끼는 수분을 오랫동안 보존할 수 있기 때문에, 물을 자주 주면 오히려 썩을 수 있으니 주의해야 한다. 이끼를 낮은 그릇에 담아 거실의 커피 테이블이나 다이닝 테이블 위에 올려놓으면, 집안의 센터피스의 역할을 할 수 있을 것이다.

식용도 가능한 작물도 있다. 펜넬은 씨앗부터 구근, 줄기, 잎까지 버릴 것 없이 전부 먹을 수 있다. 여느 허브처럼 쓰거나 향이 세지 않고 아니스나 딜처럼 달콤한 듯 상큼한 향이 있어 수프나 샐러드, 메인 요리에 두루 활용된다. 특히 생선요리에 쓰면 비린내를 잡아주고 상쾌한 풍미를 북돋아주며, 특유의 개운한 풍미는 느끼한 고기요리와도 궁합이 잘 맞는다. 이탈리아에서는 구이요리에 거의 빠지지 않고 펜넬을 곁들여 토마토 소스에 풍미를 입히는 양념으로 자주 쓰인다. 우리나라에서도 <동의보감>에 보면 "볍씨처럼 생긴 씨앗을 차로 우려 마시면 부인들의 갱년기 증상이 줄어든다"고 기록하고 있다.

그림 100 펜넬

아리스토텔레스 바질도 식용이 가능한 작물로, 잎이 작아 홈가드닝 입문자들이 도전하기 적당하다. 우리에게 익숙한 스위트 바질보다 잎사귀가 훨씬 작고 아로마가 보다 풍부하여 병충해에도 강하다.

잎 종류 외에 과일도 홈가드닝 대상이 될 수 있다. 흔히 키울 수 있는 토마토보다는 토마토를 품종개량 한 그레이프 토마토를 추천한다. 보라색부터 올리브색, 짙은 갈색 등 다양하게 있으며, 크기도 포도알 크기부터 자두만한 것까지 균일하지 않다. 기존의 방울토마토보다 달콤한 맛은 더 좋고 키우기도 까다롭지 않다.

그림 101 아리스토텔레스 바질   그림 102 그레이프 포도

집안에 놓인 식물은 공기를 정화하고 천연 가습기 역할을 하는 등 공간을 훨씬 안락하게 해준다. 더 나아가 식용가능한 작물도 있으니 취미로 홈가드닝을 한다면 행위 자체에서 마음의 안정뿐만 아니라 건강한 삶을 꾸려나갈 수 있을 것이다.

마. 학습형

1) 바둑

가) 바둑이란?

몇 년 전 인공지능 알파고와 이세돌 9단의 대국으로 바둑이 사람들의 관심을 받기도 하고, 영화나 드라마, 만화 소재로 많이 활용되면서 다시 인기를 얻고 있다. 바둑은 아래그림과 같이 흑, 백의 돌을 바둑판 위에 두면서 서로 많은 집을 확보한 쪽이 승리를 하게 되는 경기이다. 가로·세로 19개 줄로 만들어진 격자의 바둑판에서 경기를 하다보면 거의 무한의 가까운 경우의 수가 나오기 때문에 창의적 사고와 집중력 향상에 도움이 된다.

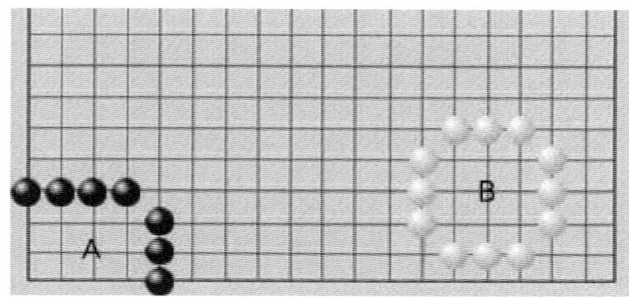

그림 103 바둑 집

나) 필요 도구

바둑을 두기 위해서는 먼저 경기장과 도구 구실을 하는 바둑판, 바둑돌이 필요하다. 바둑판은 모두 가로x세로 19줄씩 361개 점으로 이루어져 있는데, 바로 이 점들이 바둑돌을 놓는 착점의 대상이자 집의 단위가 된다. 바둑은 기본적으로 2사람이 두는 경기로 여러 사람이 두 편을 갈라 팀을 이루어 하는 연기(連棋; pair바둑)도 경우에 따라 가능하다. 두 사람이 흑백을 나누어 갖고 쌍방 한 번에 한 번씩 교대로 두어나가고, 첫 점은 흑이 먼저 둔다. (접바둑에서는 백이 먼저 둔다.) 바둑의 승패는 종료 후 흑백의 집을 비교해 가린다. 즉, 많은 집을 확보한 쪽이 승리하는 게임이다.

다) 하는 방법

쌍방의 집수를 비교하기 위해 종료 후 서로의 집을 세기 쉽게 직사각형으로 구획정리

하는 과정이 필요하며 이를 계가(計家)라고 한다. 이때 대국 중간에 잡은 상대의 사석(死石;포로)들은 모두 들어내 상대의 집을 메우는데 쓴다. 따라서 상대의 돌을 많이 잡은 쪽은 그만큼 유리하다. (단, 이것은 한국과 일본식 룰에 따른 것이며, 중국과 대만 등에서 쓰이는 룰에서는 집을 세는 방법이 다르다.)34)

돌의 활로는 다양하다. 돌의 바로 옆에 직선으로 연결되어 있는 교차점을 활로라고 한다. (<참고도 1>의 X표시) <참고도 2>와 같이 연결된 돌의 활로는 각 돌의 활로를 합한 것이다. <참고도 3>과 같이 상대방의 활로를 모두 막은 경우 활로가 없는 돌은 판에서 들어낸다. 이처럼 들어내는 행위를 '따냄'이라 한다.

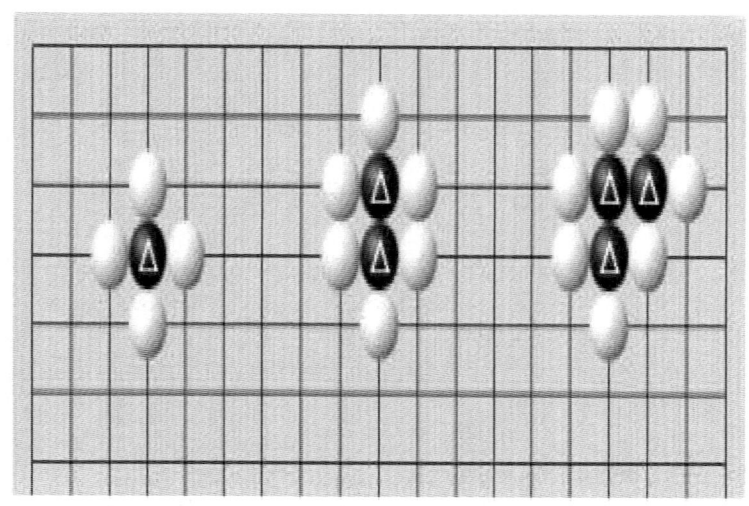

〈참고도 3〉

백이 흑 ▲ 를 판에서 들어낸다.

그림 104 돌의 활로 1

아래 <참고도 4-1>과 <참고도 4-2>처럼 착수 시 활로가 없는 곳은 돌을 놓을 수 없다. 상대방이 따내는 형태가 되기 때문이다. 그러나 아래 <참고도 4-3>과 <참고도 4-4>처럼 상대방의 돌을 따낼 때에는 놓을 수 있다. 따낼 수 없는 돌은 산 것이고, 따낼 수 있으면 죽은 것이다. <참고도 5>에 있는 흑돌은 두 개의 활로가 있는데, 이 두 곳이 다 백이 놓을 수 없는 곳이다. 그러므로 이 흑돌은 살아있다. <참고도 6>에 있는 흑돌도 두 개의 활로가 있지만, 백이 놓으면서 활로를 없앨 수 있다. 그러므로 이 흑돌은 죽은 것이다.

---

34) 한국기원 홈페이지

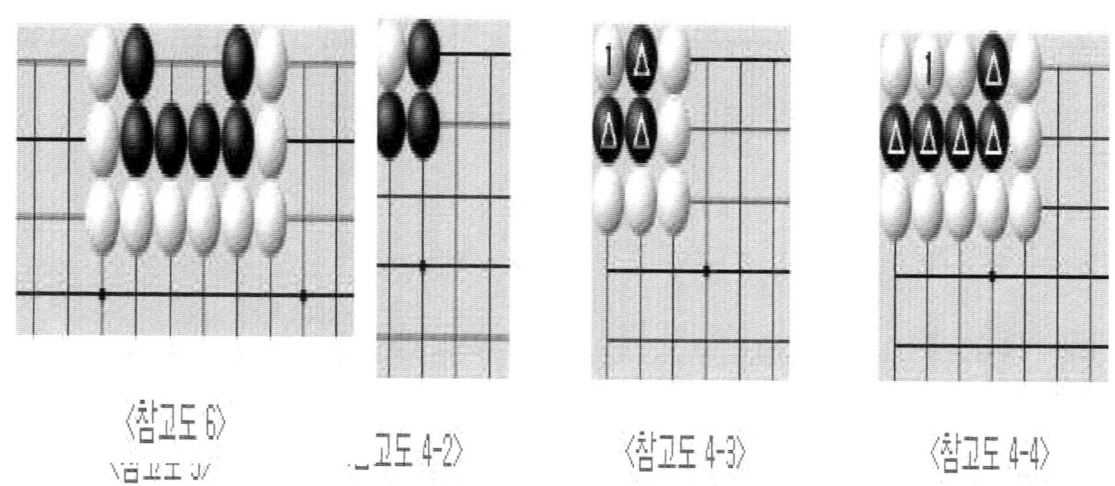

<참고도 6>   <참고도 4-2>   <참고도 4-3>   <참고도 4-4>

그림 105 돌의 활로 2

흑과 백이 상대방의 돌 한 개를 번갈아가며 따낼 수 있는 형태를 패라고 한다. 이 경우에는 다른 곳에 한 번 이상 놓은 다음(팻감 쓰기)에 패를 따낼 수 있다(<참고도 7-1~7-3> 참조-백1 또는 흑A의 곳).

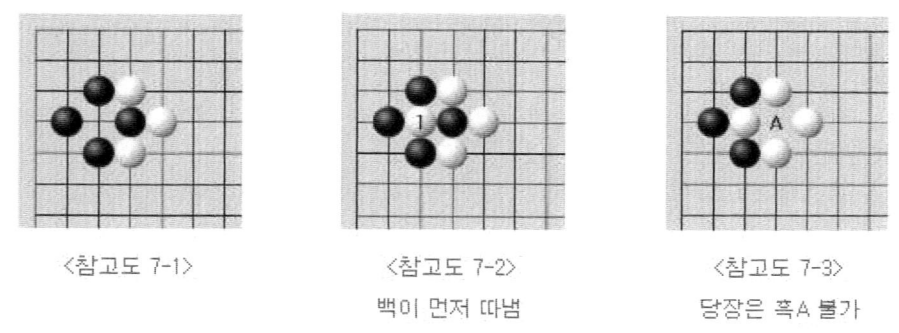

<참고도 7-1>   <참고도 7-2>   <참고도 7-3>
              백이 먼저 따냄   당장은 흑A 불가

그림 106 돌의 활로 3

살아 있는 돌로 에워싼 공간이 집이며, 선의 교차점 하나가 한 집이다. 흑과 백의 집이 생겨날 수 없는 자리를 공배라고 한다(x의 곳). 공배도 한 수씩 교대로 놓아야 한다.

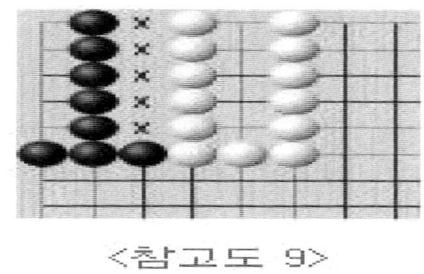

<참고도 9>　　　　　　　　<참고도 10>

그림 107 돌의 활로 4

빅은 흑과 백이 한 곳 이상의 공배를 사이에 두고 대치하여 서로 따낼 수 없는 형태이다. 빅은 집계산에서 제외한다.

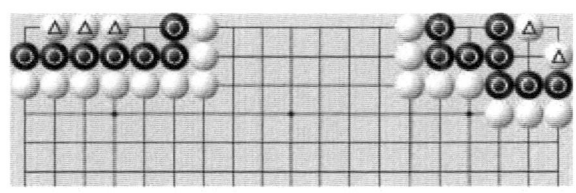

<참고도 11>

그림 108 돌의 활로 5

동형반복이란 일정한 수순이 경과된 후 최초와 동일한 형태로 되돌아가는 것을 말한다. 쌍방 반복이 가능한 경우 쌍방이 반복하면 무승부로 처리한다.

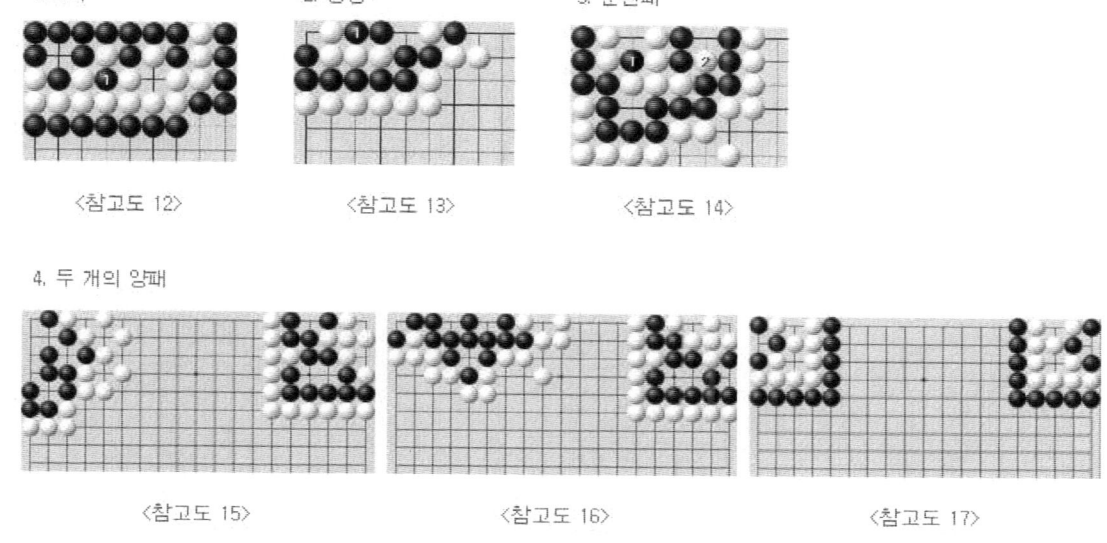

그림 109 돌의 활로 6

한쪽만 반복이 가능한 경우 <참고도 19>와 <참고도 20> 같은 경우 흑이 반복하면 무승부로 처리한다. 더 이상 둘 곳이 없다고 여기면 상대방에게 의사 표시를 해야 한다 (예, "계속 두세요." 등). 이때 상대방이 두면 경기는 계속되지만, 상대방 역시 두는 순번을 넘기면 돌의 사활을 해당 부분만 분리해서 다룬다. 이후 더 둘 곳이 없으면 경기를 끝맺는다.

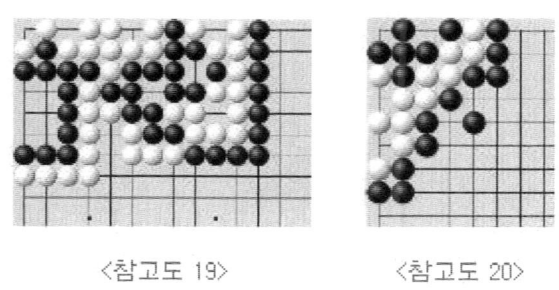

그림 110 돌의 활로 7

승패의 결정은 각자 잡은 돌로 상대방의 집을 메우고, 집이 많으면 이기는 방식이다.

프로바둑 기사가 되기 위해서는 기원의 입단 대회를 거친다. 보통 10세가 되기 전에 재능을 보이면 프로기사들이 운영하는 바둑 도장에서 실력을 기르게 되고, 짧게는 6~7년 길게는 10년 이상 공부해야 입단을 할 수 있다. 하지만 입단에 실패하는 경우도 많다.

국내에는 프로바둑 기사 9단에 이른 유명한 바둑기사가 많은 편으로 세계 바둑의 최강국이다. 1988의 최택 모델로 알려진 이창호 9단, 이창호9단의 스승 조훈현 9단, 최근 한국 1위이자 세계랭킹 2위에 자리하고 있는 박정환 9단 등이 대표적이다.

라) 바둑의 좋은 점

사실상 바둑은 젊은 층이 즐기기엔 지루한 취미라고 생각할 수 있다. 이러한 편견 때문에 바둑을 취미로 삼기는 쉽지 않다. 하지만 인터넷 바둑 사이트만 봐도 2030 바둑 인구는 상당하다.

바둑을 두면 기억력, 집중력, 문제해결 능력, 3차원 공간 파악능력이 향상된다고 한다. 바둑을 둔 사람은 정보를 전달하고 처리하는 뇌의 백질이 일반인보다 세 배 이상 치밀해 뇌의 전두엽에서 받아들인 정보를 일반인보다 두배 이상 빠르게 기억 창고 역할을 하는 뇌의 측두엽에 저장시킨다고 한다.

또한 바둑을 두면 어떤 사물을 인식할 때 복잡한 것을 쉽게 파악하고 기억하는 능력이 발달되며, 어려운 문제에 직면했을 때 측두엽을 포함한 뇌의 여러 부위가 빠르게 작동할 수 있다.

그림 111 바둑 대결

전국 아마추어 바둑대회도 있다. 아마추어 대회는 전국적으로 넓게 있으며 부문도 다양하다. 메인 경기라 할 수 있는 전국 최강부가 있어 고수들이 실력을 겨룰 수 있는 반면 어린이부, 여성부, 지역부, 어르신부 등도 있어 본인의 기력에 맞는 부문을 골라 참가할 수도 있다. 혹시 본인이 바둑을 둘 줄 모른다 하더라도 자녀나 배우자가 바둑을 알면 이 역시 별 문제가 안 된다. 요즘은 어린이 바둑대회에 학부모들이 갤러리처럼 따라다니는 것도 하나의 문화가 된 지 오래다. 관중석 한편에서 바둑을 즐기는 자녀를 배우자가 지켜보는 것도 좋은 경험이 될 수 있다. 바둑대회에 따라 소정의 참가비를 받는 곳도 있지만 대개는 그 이상의 참가 기념품을 제공하기도 한다.

2) 성인 학습지

아이들의 전유물로만 여겨졌던 학습지가 최근 직장인과 주부들에게 인기다. 자격증 취득, 진급시험 준비, 불안정한 미래 대비 등의 이유 외에도 여가시간을 좀 더 실속 있게 보내기 위해 학습지를 찾는 이들이 많다. 무엇보다 많은 시간과 큰 비용 투자 없이 자기계발을 성취할 수 있어 주목받고 있다.

그림 112 학습지를 통해 공부하고 있는 성인

가) 성인 학습지 트렌드

국내 학습지는 어린이만이 하는 보조학습교재라는 인식이 강하다 이러한 이유로 성인은 본인에게 맞는 수준이 없을 것으로 생각하고 선뜻 이용하려 하지 않는다. 그러나 학습지는 본래 연령제한 없이 단계별 학습이 가능한 커리큘럼으로 구성되어 있기 때문에 누구나 자신에게 맞는 교재를 선택하고 공부할 수 있다. 이에 따라 대부분의 직장인이 학습지에 대한 인식을 바꾸고, 학원과 과외, 온라인 강의 대신 한 권의 학습지를 선택하고 있다.

피아노 레슨, 성인발레 교습 등 한때 직장인의 학습·여가 트렌드는 '힐링'으로 ,문화예술 분야가 인기였다. 그러나 최근 '지적 만족'과 '미래에 대한 투자'로 트렌드가 변화하며, 포토샵, 코딩, 어학을 학습하는 교육 분야가 관심을 끌고 있다.

조사에 따르면 향후 성인 교육 시장 규모가 앞으로 2조 5000억 원에 달할 것으로 추정하고 있어, 업계에서도 이러한 점에 주목하고 있다. 실제 '빨간펜 선생님'으로 유명한 한 학습지 사의 성인 회원 수도 4년 사이 4만 여명이 늘어났다고 하는 것을 보면 성인 학습지의 열풍은 당분간 계속될 것으로 보인다.

레모네이드가 운영 중인 성인 외국어 학습지 브랜드 '가벼운 학습지'의 2021년 상반기 매출액이 140억원을 넘었다. '가벼운 학습지'는 18년도에 출시된 외국어 학습지다. '한 주에 한 권, 하루 10분 공부'라는 색다른 외국어 공부법을 소비자들에게 제시해 큰 호응을 얻어왔다. 출시 이후 연간 600% 성장률을 기록하며 지금까지 가입자 수 20만 명을 넘어선 바 있다.

올 상반기 구매자 대상으로 진행한 설문조사에 의하면 '가벼운 학습지'의 수강 목적은 '자기계발을 위해서'란 응답이 가장 많았고, 이어 '취미', '여행', '학업' 등으로 나타났다. 조사에 참여한 구매자들의 직업은 대부분 시간 활용이 어려운 직장인과 학생으로, 가벼운 분량과 짧은 학습 시간으로 부담 없이 공부할 수 있는 '가벼운 학습지'의 특징이 이들이 자기계발 욕구를 충족시킨 것으로 파악된다.

수강생들에게 가장 인기가 좋은 언어는 '영어'이며 다음으로 '일본어', '스페인어', '중국어'가 뒤를 이었다. 이외에도 상반기 구매자 대상 설문조사에 참여한 응답자 80%는 '가벼운 학습지'가 언어 능력 향상에 도움이 된다고 답했는데, 이는 하루 10분 적은 분량이라도 연달아 풀면 습관이 형성돼 학습 효과가 있다는 것을 증명한다.

레모네이드 서유라 대표는 "'가벼운 학습지'는 모든 세대가 외국어를 보다 더 재밌고, 쉽게 또 언제 어디서나 공부할 수 있는 학습 환경을 제공하기 위해 기획했다"라며

"앞으로도 레모네이드는 밀착 케어 서비스, 애플리케이션, 새로운 학습 장비 등 에듀테크 트렌드를 좇아 새로운 외국어 학습 문화를 만들기 위해 노력할 것"이라고 말했다.

한편, 레모네이드는 학습지, 일대일 회화 수업, 일본인 대상 한국어·중국어 학습 등 다양한 서비스를 운영하고 있으며 최근에는 전문 심리 상담사가 집필한 '나만의 마음 챙김 상담소'라는 마음 관리 셀프케어 학습지를 출시해 다양한 제품 라인을 확장해 나가고 있다.35)

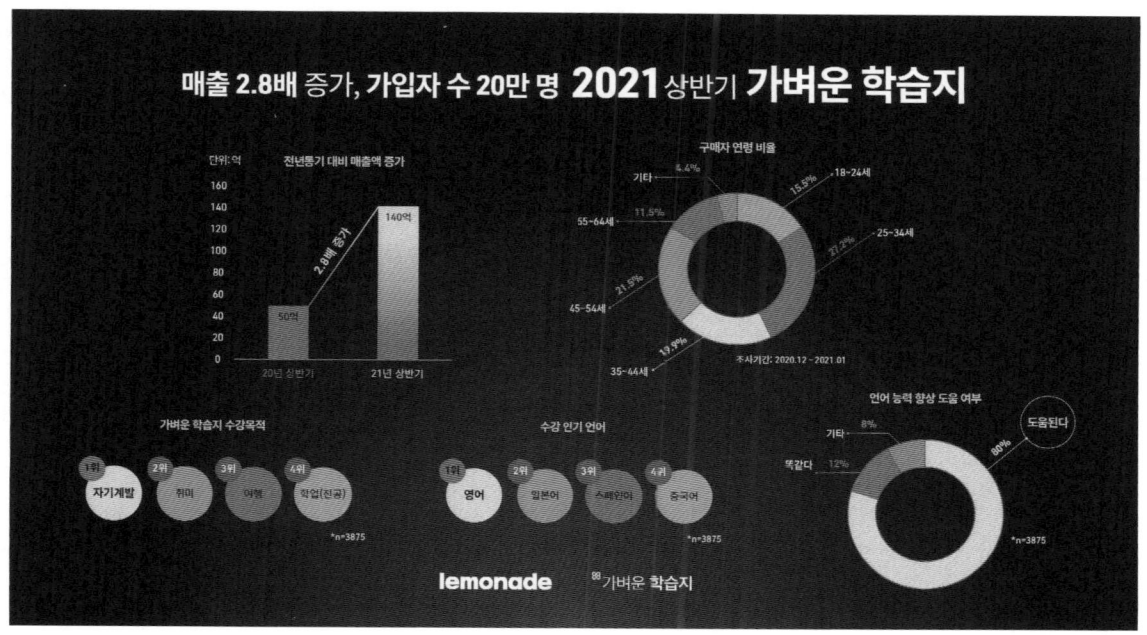

그림 113 가벼운학습지 설문조사

나) 성인 학습지 장점

하루일과가 잠깐의 여유도 없는 바쁜 직장인, 워킹맘 등은 주변 상황과 피치 못할 여건으로 자기계발의 시간을 갖지 못하는 경우가 많다. 더군다나 무언가를 학습하는 것은 시간과 장소를 필요로 하기 때문에 불가능한 경우가 많다. 학습지는 스스로, 간편하게, 신속히 해결할 수 있다는 장점이 있어 매우 적합한 공부방법이라고 할 수 있다.

구체적으로 살펴보면 먼저 저렴한 비용이 가장 큰 장점이다. 유명 학습지사의 대표 상품을 보면 보통 한 달에 3~5만원이면 원하는 교재를 받아볼 수 있다. 이 비용은 학

---
35) <성인용 학습지 '가벼운 학습지' 상반기 매출 전년비 2.8배 증가>, 플래텀

원과 과외, 온라인 강의의 수강료에 1/10 가격으로 매우 저렴하다. 월급에서 몇 십만 원의 교육비는 결코 적은 지출은 아니기 때문에 저렴한 비용으로 이용 가능한 학습지는 직장인에게 매우 훌륭한 학습방법이 된다.

둘째로 시간활용이 매우 자유롭다는 점이다. 정해진 시간에 출석해야만 수업을 받을 수 있는 학원, 조정은 가능하나 비용이 높고 반드시 대면해야 하는 과외, 기한 내 수강하지 못하면 소멸되는 온라인 강의는 유동적인 스케줄을 가진 사람은 소화하기 다소 부담스럽다. 그러나 학습지는 짬을 내서 학습가능하고, 누군가를 만나지 않아도 되며, 기기(컴퓨터, 노트북, 스마트폰)의 도움 없이도 공부할 수 있다. 기본 학습 분량이 매일 30분 이내에 완료 가능하도록 짜여 있어, 가방 속에 가지고 다니면서 언제든 꺼내 문제를 풀 수 있다. 선생님의 지도도 직접 선택할 수 있어, 일주일 또는 한 달 단위로 14~20분 정도만 투자하면 방문학습지 서비스도 받을 수 있다. 이외에도 통신학습지 서비스를 선택해 방문관리 없이 월 1회 교재만 우편으로 발송 받을 수도 있다.

셋째로 자기 맞춤식 교육이 가능하다는 점이다. 미취학 아동부터 성인까지 모두 이용 가능한 커리큘럼이기 때문에 자신의 수준에 맞는 학습지를 선택할 수 있다. 또한 진도 역시 자신이 하기 나름이기 때문에 열심히 한다면 빠른 시간 내에 목표달성이 가능하다. 한권씩 풀어내다 보면 자연스레 성취감이 생기기 때문에 쉽게 흥미를 잃지 않을 수 있다.

다) 인기 학습지 분야

한 학습지 회사는 성인 회원 10명 중 7명이 외국어 과목을 공부한다고 발표했다. 그 중 일본어가 32.6%로 가장 많고, 그 다음은 영어 21.8%, 중국어 16.8%순이다. 해외와 관련된 직무가 늘면서 외국어 활용을 요구하는 회사들이 많아졌고, 자연스레 제2외국어에 대한 직장인들의 수요가 높아지는 현상이 반영된 결과이다.

3) 온라인 교육 플랫폼

    가) 온라인 교육 플랫폼이란?

코로나19 대유행은 원격수업이 온라인 교육 플랫폼 시장에서 성장할 수 있는 요인이 됐다. 특히 취미를 전문화해 수익을 창출하는 '부캐' 열풍, 평생직장 대신 여러 개의 일을 하는 N잡러 열풍과 빠른 경제적 자유를 원하는 파이어족 유행 등이 원격수업과 맞물려 자연스레 다양한 형식의 온라인 교육 플랫폼이 생겨났다. 플랫폼별 인기 강의를 통해 플랫폼별 특징을 살펴봤다.

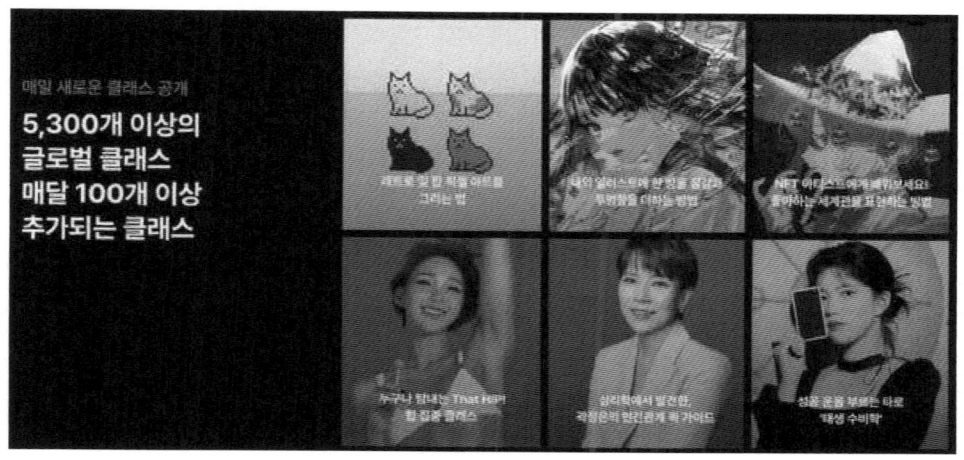

그림 114 클래스101 강의 추천 페이지

플랫폼이 다양한 만큼 플랫폼별 형태와 구조, 주력 분야도 제각각이다. 업계 트렌드나 전문가 전문기술 및 노하우를 배울 수 있는 교육 플랫폼으로는 클래스101, 원더월, 데이원컴퍼니 CIC, 스파르타코딩클럽 등이 꼽힌다.

    나) 온라인 교육 플랫폼 트렌드

지난 3년여간의 팬데믹(감염병의 세계적 유행)을 거치며 성인 교육 시장의 트렌드가 빠르게 변화를 겪고 있다. 기존의 온라인 성인 교육 시장은 대형 학원을 중심으로 하는 자격증이나 취업 교육이 중심이 되는 경우가 많았다. 하지만 최근에는 온라인 플랫폼을 기반으로 한 다양한 성인 교육 플랫폼들이 주목받고 있다. 당장 활용할 수 있는 직무 교육과 재테크 등은 물론 다양한 취미 생활까지 성인을 대상으로 하는 교육 콘텐츠 또한 다양화되고 있는 추세다.

클래스101은 미술·운동·공예 등 취미 개발, 부업·재테크 지식공유, 업무능력 향상·자기계발 등 직무교육, 외국어 교육, 업계 전문가 노하우 공유, 영유아 및 보육자 대상 교

육 등 25개 상위 카테고리에 5300개쯤의 온라인 교육을 제공한다.

카테고리가 넓고 강의 종류가 다양하다는 점은 클래스101 인기 강의 목록에서도 나타난다. 실제 올해 10월 3주차 클래스101 인기 강의 1위는 김난도 서울대 교수의 '트렌드 코리아 2024' 강의다. 2·3·4·5위는 자동화 수익 만들기 등 부업·재테크 관련 강의다. 6위는 영어회화 관련 영상이다.

노머스에서 서비스하는 원더월은 분야를 좁혔다. 원더월은 아티스트가 직접 강의하는 문화예술 분야 교육을 차별점으로 내세운다. 원더월은 문화예술 분야로 범위를 한정하고 강사 모집에 집중하고 있다. 실제 원더월은 조명, 사진, 연기, 프로듀싱 등 보통 도제식으로 전수돼 관련 산업 종사자와 지망생이 접하기 힘든 내용을 배울 수 있게 돕는다.

에드워드 권 셰프의 요리 강의, 김희원·박정민 등 실제 배우의 연기 강의 등이 원더월 인기 강의로 꼽힌다. 마마무 등을 육성한 김도훈 RBW 대표의 K팝 프로듀싱 강의도 신설됐다. 현업 종사자 강의를 들을 수 있는 만큼 원더월은 다른 종사자와 지망생 등으로부터 호평을 받는 모양새다.

실제 원더월이 올해 6월부터 8월까지 강의 이용권(클래스 패스) 구매자를 대상으로 설문 조사한 결과 전체 구매자 45%쯤이 지망생, 26%쯤이 현업 종사자로 나타났다. 10명 중 7명이 원더월을 통해 관련 업계 직무역량을 쌓으려 하는 셈이다.

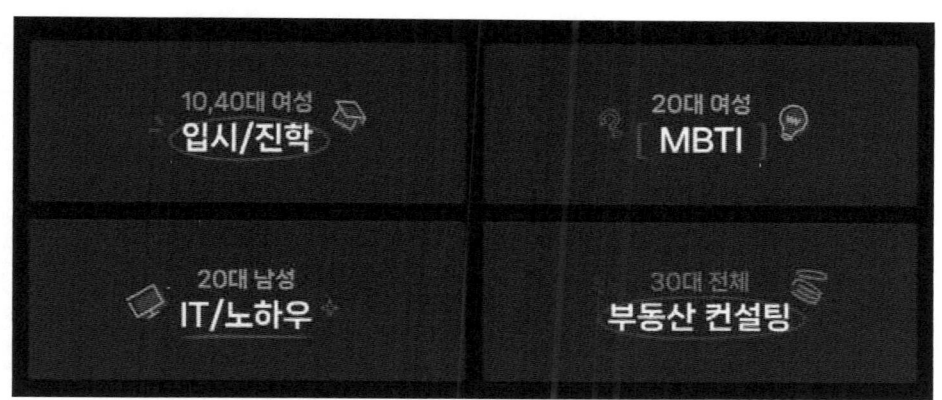

그림 115 2020년부터 2022년까지 네이버 엑스퍼트 연령·성별별 인기 콘텐츠 목록

크몽이나 네이버 엑스퍼트 같은 플랫폼도 온라인 교육이 제공된다. 크몽이나 네이버 엑스퍼트처럼 교육은 보조 서비스고 전문가 용역 제공이 주력인 플랫폼도 있다. 크몽은 취업·입시 교육, 직무역량 교육, 뷰티·예체능·미술·공예 등 취미 레슨을 제공한다. 네이버 엑스퍼트 이용자는 토익 등 외국어, 코딩·IT 개발 등 교육을 선호한다.[36]

2014년 설립된 데이원컴퍼니는 온라인 직무 교육, B2B 기업 교육, 전문가 노하우 교육, 취업 특화 교육 등을 제공한다. 패스트컴퍼니가 전신으로, 2021년 8월 사명을 변경했다. 데이원컴퍼니는 현재 산하에 4개의 사내 독립 기업(CIC)) 형태로 운영되고 있다. '비전공자도 네카라쿠배(네이버·카카오·라인·쿠팡·배달의민족)에 갈 수 있는' 개발자 직무 교육 등의 프로그램으로 급성장한 패스트캠퍼스, 영상 디자인과 일러스트 등의 온라인 교육을 제공하는 콜로소, 외국어 교육 사업을 담당하는 레모네이드, 이직 취업 준비생을 위한 교육을 담당하는 스노우볼이다.

다) 앞으로의 전망

팬데믹을 넘어 엔데믹(주기적 유행) 시대에 접어들면서 한국의 성인 교육 플랫폼 시장 경쟁은 더욱 치열해지고 있는 모습이다. 후발 주자들의 공세가 만만치 않은데, 이들은 특히 교육 콘텐츠를 세분화 혹은 전문화하는 방식으로 차별화에 나서고 있다.

그중 최근 성인 교육 콘텐츠로 가장 인기를 얻고 있는 분야는 단연 '코딩'이다. 코드스테이츠·팀스파르타·코드잇 등이 대표적인 업체들이다. '재테크' 또한 인기를 얻고 있는 과목으로 '월급쟁이 부자들'이 대표적이다. 부동산 투자자인 이정환 대표가 운영 중이다. 유튜브를 통해 콘텐츠를 홍보하고 사이트를 통해 판매한다. 이나리 대표가 운영하는 플래너리는 여성을 위한 커뮤니티인 '헤이조이스'를 통해 다양한 직무 교육 콘텐츠 등을 판매하고 있다. 구글·토스 등의 여성 리더들을 초청해 강연을 마련하기도 한다. 더자람컴퍼니의 '그로우앤베터'는 스타트업에 특화된 인재 교육 서비스를 표방한다. '라이브클래스'란 교육 서비스를 운영 중인 퓨처스콜레는 '가장 쉽게 온라인 강의로 수익 만들기' 등 단순한 직무 교육 지식을 넘어 실질적인 지식을 전달한다는 점에서 눈길을 끈다.

최근에는 플랫폼을 통한 온라인 강의뿐만 아니라 '뉴스'나 '웹툰'을 기반으로 한 성인 교육 콘텐츠도 등장하고 있다. 참여형 미디어 플랫폼을 표방하고 있는 얼룩소(alookso)는 이재웅 전 쏘카 대표가 투자한 뉴 미디어 스타트업이다. 최근 가장 뜨거운 이슈를 주제로 내걸고 '새로운 정보'와 '남다른 통찰력'을 갖춘 필자들이 콘테스트를 통해 콘텐츠를 제공한다. 자연스럽게 고품질의 '정보'를 접할 수 있는 통로로서 구독자들에게 '교육 콘텐츠'로서의 역할을 하고 있는 것이다. 2022년 설립된 노틸러스는 지식 교양 웹툰 서비스 '이만배'를 운영하고 있다. '이걸 만화로 배워?'의 약자로 고대 신화, 블록체인, 실용 음악 등 다양한 영역의 교육 콘텐츠를 웹툰이라는 형식으로 제공하고 있다.

---

36) <직무·취미 공부하는 온라인 플랫폼, 뭐가 다를까>. IT조선

이처럼 신생 업체들의 활약이 두드러지는 성인 교육 시장에서 기존의 전통 교육 업체들 또한 '변신'을 위해 최근 움직임이 빨라지고 있다.

팬데믹을 기점으로 온라인을 기반으로 한 성인 교육 플랫폼들이 구독자를 늘려 가는 동안 9급공무원·공인중개사 등의 수험생 교육을 중심으로 성장해 온 한국의 대표적인 성인 교육 기업 에듀윌은 경영에 어려움을 겪어 왔다. '공무원 열풍'과 '공인중개사 인기' 등에 힘입었던 과거와 비교해 최근 들어 공무원이나 자격증 시험에 대한 관심이 크게 줄었기 때문이다. 이에 따라 매출은 줄곧 감소하는데 광고 마케팅에 막대한 비용을 쏟아부은 영향 또한 컸다. 에듀윌은 최근 들어 신사업에 공격적인 투자를 진행하는 등 활로를 찾는 데 집중하고 있다. 최근 1~2년간 성인 어학 교육 시장의 대표 분야인 '토익 시장'에 진출한 데 이어 세무사와 회계사 교육 사업에도 새롭게 뛰어들었다. 부동산아카데미 등 재테크 교육 사업도 확대 중이다.

학생을 대상으로 하던 교육 기업들도 성인 교육 시장의 문을 두드리고 있다. 인구 감소 등으로 인해 시장이 줄어드는 상황에서 새로운 돌파구를 모색하기 위한 것이다. 수능 교육의 강자인 메가스터디교육은 지난해 '공단기' 등을 운영하며 공무원 시장 전문 교육 브랜드로 자리 잡은 에스티유니타스를 인수했다. 한국의 대표 교육 기업인 웅진씽크빅은 2021년 글로벌 온라인 강의 플랫폼인 '유데미'의 한국 독점 사업 계약을 하고 성인 교육 시장에 본격적으로 뛰어든 상황이다.[37]

---

37) <부캐 키워 부가수익 창출 가능?...성인교육 플랫폼 인기>, 매거진한경

4) 다도[茶道]

가) 다도란?

다도는 차를 마시는 일과 관련된 여러 다사(茶事)를 통하여 심신을 닦는 행위이다. 차는 처음에는 음료수의 일종이나 약용으로 등장하였으나 차차 기호식품화하면서 취미생활과 연결되었고 다시 일상생활의 도를 끽다[38]와 관련지어 차도[39]로까지 발전하게 되었다.[40] 흔히 다도를 일본문화로 여기고 배척하는 경우가 있는데 사실 우리 조상들 역시 차를 즐겨 이미 삼국시대부터 차를 재배하고 마셔왔으며 중국으로부터 받아들인 다도가 고려시대 귀족계급을 중심으로 유행하고, 조선시대에는 사원을 중심으로 그 전통이 이어졌다고 한다.

이처럼 다도는 역사가 깊은 전통적인 취미이자, 타인을 대접하는 기쁨을 알 수 있는 착한 취미이다. 차를 준비하고 우려서 내기까지 많은 단계를 거쳐야 하기에, 차를 대접 받는 사람들은 대접한 사람이 얼마나 큰 배려를 해주었는지에 대한 감사의 마음을 갖게 된다. 이로써 향기 나는 차를 끓이는 법을 배울 뿐만 아니라, 향기 나는 말과 행동 가짐도 다짐하게 된다.

그림 116 다도

---

38) 끽다[喫茶]: 차를 마신다는 뜻. 차를 내린다(시집간 딸에게 차를 내린다)로 쓰이기도 한다.
39) 차도[茶道]: 차도란 차 잎 따기에서 차를 우려 마시기까지의 차일(茶事)로서 몸과 마음을 수련하여 덕(德)을 쌓는 행위이다.
40) [네이버 지식백과] 다도 [茶道] (차생활문화대전, 2012. 7. 10., 홍익재)

나) 다도 재료: 다기(茶器)

다도를 익히기 위해서는 찻잔, 차받침 외에 다관(찻주전자)등 다구를 구비해야 하며 타운내 생활용품점에서 구입할 수 있다. 다구는 사람 수에 따라 1,3,5인용이 있으며, 차의 종류에 따라 녹차는 백자가, 홍차는 투명한 유리가 어울린다.

그림 117 다기

다) 다도 하는 방법

말차(抹茶)와 전차(煎茶)에 따라 우려내는 방법이 다르다. 말차는 찻가루 약간을 찻숟가락으로 떠서 다완에 넣고 끓인 물을 부은 다음 다선(茶筅)으로 격불(擊拂)하여 거품이 잘 일게 하여 마신다. 전차의 경우는 다관에 차와 끓인 물을 넣고 차가 잘 우러났을 때 찻종에 따른다. 차의 품질에 따라 탕수(湯水)의 온도에 차이를 두는데 대개 70~90℃가 적당하다. 차를 넣는 투차(投茶)에는 차를 먼저 넣고 탕수를 붓는 하투(下投), 탕수를 반쯤 붓고 차를 넣은 후 다시 탕수를 더 붓는 중투(中投), 탕수를 먼저 붓고 그 위에 차를 넣는 상투(上投) 등의 방법이 있다. 겨울에는 하투, 여름에는 상투, 봄, 가을에는 중투를 하는 것이 좋다.

다관에서 차를 우려낼 때는 그 시간을 잘 맞추어야 한다. 빠르면 차가 제대로 우러나지 않고 너무 늦으면 차의 향기가 없어지기 때문이다. 찻잔에 차를 따를 때에는 차의 농도를 골고루 하기 위하여 몇 개의 찻잔을 왕복하며 따른다. 대개 한 번에 찻잔의 3분의 1정도를 따른다. 다관의 찻물은 마지막 한 방울까지 따라야만 재탕 때에도 좋은 차맛을 보존할 수 있다. 차를 마실 때는 손님이 적은 것을 귀하게 여겨 예로부터 혼

자서 마시는 것을 신(神), 손님이 둘일 경우를 승(勝)이라고 하였다. 손님이 많은 경우는 시끄러워 아취가 적기 때문이다.

차는 색(色), 향(香), 미(味)의 세 가지가 묘하게 조화를 이루는 것이 좋다. 차의 색은 청취색(靑翠色)이 제일 좋고 남백색(藍白色)은 다음이며 그 밖의 황색 등은 품(品)에 들 수 없다고 한다. 차의 맛은 달고 부드러운 것을 상(上), 씁쓰레한 것을 하(下)로 여긴다. 차의 향기는 독특한 것이기에 다른 향을 섞으면 좋지 않다. 차는 천천히 음미하면서 마시는 것이 좋다. 차를 끓여 손님에게 접대하는 일에는 격식이나 예의도 문제가 되지만 궁극적으로는 물을 끓여 간을 맞게 하여 마시는 일이다. 물론 간 맞는 좋은 차가 되기 위해서는 물과 차 등이 알맞게 조화를 얻어 중정(中正)을 잃지 말아야 하는 것이다.

차를 마실 때는 차의 색과 향기, 맛을 느끼며 3~4번 나누어 입안에 넣고 머금었다 삼킨다. 그래야 차의 오묘한 맛과 향기를 충분히 느낄 수 있다. 차는 기본적인 성질이 음이므로 차갑게 마시는 것보다 따뜻하게 마시는 것이 좋으며 차는 빛과 습기가 차단되는 통에 밀봉 보관해야 한다.

<참고문헌>

1) <취미없는 당신, 잘못 살고 있는 겁니다.>, 중앙일보(2018.01.03)
2) <취미가 뭐든 상관없다... 즐기는 고령, 우울 증상 10% 낮아>, 조선일보(2023.10.19.)
3) 자료 : 한국리서치
4) <취미생활 및 원데이클래스 관련 조사>, 트렌드모니터
5) <취미의 시대, >
6) <'가성비'와 '플렉스' 사이... 데이터로 찾은 2023 소비시그널 7>, 중앙일보
7) <놀자, 새로운 세계가 열린다'프립', 네이버 포스트 스타트업 인터뷰(2018.03.05)>
8) <관심사 기반 커뮤니티 플랫폼 '문토', 52억 규모 시리즈 A 투자 유치>, 매일경제
9) <"취미생활…함께하고 싶은 어디 사람 없나요?"…다양해진 '취미앱'>,. 센머니
10) <숨고, 회원수 1000만명-고수 120만명 넘어서..홈/리빙 이어 레슨 카테고리 이용 높아>, 블록체인밸리
11) 탈잉 홈페이지
12) 출저: 한국펠트협회
13) Eugenia Zoloto 의 페이퍼커팅 작품
14) <가죽공예 독학 어렵지 않아요!>,다음 브런치 방콕형제 블로그 (2016.10)
15) 플로우하우스는 1990년대 미국에서 처음 문을 연 이후 전 세계 20개국 120여 곳에서 운영되고 있다.
16) 사진 : 플로우보드 하우스 제공
17) <사진제공=양양군>
18) <거제에 국내 최대 규모 실내 서핑장 건립 추진>, 경남도민일보
19) 출저: RUKES.COM
20) [네이버 지식백과] 주짓수 (시사상식사전, 박문각)
21) [뭐하꼬] 프리다이빙, 경남신문
22) [뭐하꼬] 프리다이빙, 경남신문
23) <[인플루언서 프리즘] "숨참고 프리 다이브"…유튜브 다이빙 콘텐츠 뜬다>, 더 팩트
24) 우표수집과 우취(영어: Philately)를 혼동해 사용하는 경향이 있지만 이 둘은 상반된 차이를 지닌다.
25) <기묘한 재테크, 한국 우표 시리즈 참조
26) 자료 : 한국우표포털
27) 출처:<전문가들이 본 시장실태와 매입요령> 중앙일보
28) <화양연화 LP 아직 못 구한 사람? 가벼움의 시대에 만난 무거운 낭만, 레코드 수집>, ELLE
29) <[취미학개론] 잡음마저도 인간적으로 아름다운 LP>, 팝콘뉴스
30) 고트프레드는 1963년에 레고 시스템의 10가지 기본규칙을 제창했다.
31) <"상상력에 디테일을 더하다"…놀이·취미 원하는 3040 사로잡은 레고>, 조선비즈
32) 네이버 사이언스올 과학사전
33) <"금 봤다!!!" 어디서? 어떻게?>, 이병학 기자(2013.03.06)
34) 한국기원 홈페이지
35) <성인용 학습지 '가벼운 학습지' 상반기 매출 전년비 2.8배 증가>, 플래텀
36) <직무·취미 공부하는 온라인 플랫폼, 뭐가 다를까>. IT조선
37) <부캐 키워 부가수익 창출 가능?...성인교육 플랫폼 인기>, 매거진한경
38) 끽다[喫茶]: 차를 마신다는 뜻. 차를 내린다(시집간 딸에게 차를 내린다)로 쓰이기도 한다.
39) 차도[茶道]: 차도란 차 잎 따기에서 차를 우려 마시기까지의 차일(茶事)로서 몸과 마음을 수련하여 덕(德)을 쌓는 행위이다.
40) [네이버 지식백과] 다도 [茶道] (차생활문화대전, 2012. 7. 10., 홍익재)

초판 1쇄 인쇄 2025년 8월 22일
초판 1쇄 발행 2025년 9월 08일

편저 비피기술거래 비티인사이트
펴낸곳 비티인사이트
발행자번호 9994049
주소 전북 전주시 서신동 780-2 3층
대표전화 063 277 3557
팩스 063 277 3558
이메일 bpj3558@naver.com
ISBN 979-11-994298-0-2 (13690)

이 도서의 국립중앙도서관 출판예정도서목록(CIP)은 서지정보유통지원시스템홈페이지(http://seoji.nl.go.kr)와국가자료공동목록시스템 (http://www.nl.go.kr/kolisnet)에서 이용하실 수 있습니다.